나에게
친절해지는
연습

나에게 친절해지는 연습

초판 1쇄 펴냄 2024년 11월 23일

지은이 일레인 보몬트 · 메리 웰포드
옮긴이 김인경

펴낸이 고영은 박미숙
펴낸곳 뜨인돌출판(주)
출판등록 1994.10.11(제406-251002011000185호)
주소 10881 경기도 파주시 회동길 337-9
홈페이지 www.ddstone.com | 블로그 blo.naver.com/ddstone1994
페이스북 www.facebook.com/ddstone1994 | 인스타그램 @ddstone_books
대표전화 02-337-5252 | 팩스 031-947-5868

ISBN 978-89-5807-033-7 43180

마음이
튼튼한
청소년

나에게 친절해지는 연습

불안한 마음을 다스리고
집중력을 키우는 **마음챙김 워크북**

일레인 보몬트·메리 웰포드 지음

김인경 옮김

뜨인돌

차례

2부 ✦ 차근차근 나의 일상 구성하기

3부 ✦ 다독다독 나의 몸과 마음 돌보기

9장 균형 있고 용기를 주는 좋은 생각 틔우기

10장 변화를 준비하기

이 책을 펼친 여러분 모두모두 환영합니다.

오늘도 성장하느라 바쁘게 보내고 있나요? 성장하는 일은 쉽지 않아요. 여러 개의 공으로 저글링을 하는 상황과 비슷하지요. 몸의 변화를 겪어 내면서 미래를 위한 많은 중요한 결정도 내려야 하잖아요. 그 와중에 자신을 심하게 몰아붙이고, 다른 사람과 비교하며 깎아내리기도 하고, 남들이 어떻게 생각할까 지나치게 걱정하기도 해요. 시험, 성적, 관계, SNS, 또래 압력, 유명인들의 과한 사생활 노출을 소비하는 '셀럽 문화', 일상의 스트레스까지 더해지면서 우리 몸과 마음의 평화가 산산이 무너져 내리는 것을 느끼기도 하고요. (읽는 것만으로도 벌써 지쳐 버렸잖아요!)

나와 다른 사람에게 '친절'해야 한다고 말하는 이유가 여기 있답니다. 하루하루가 위태롭고 불안하게 느껴진다면, 혼자 고민하지 마세요. (외롭고 힘들다는 생각이 드는 것은 당연하지만요.) 주변에 있는 사람들과 나눠 보세요.

친절이란 어떤 의미일까?

"친절은 청각 장애인도 들을 수 있고 시각 장애인도 볼 수 있는 언어입니다."

– 마크 트웨인, 『허클베리 핀의 모험』 작가

'친절'은 '기꺼이 도움을 주고, 자상하고, 사려 깊고, 관대하고, 온화하고, 배려심 있는 성품이나 행동'을 의미해요. 즉, 친절은 다음과 같이 말할 수 있어요.

- 나와 다른 사람에게 관심을 갖고 돌보는 일
- 나와 다른 사람이 행복해지도록 돕는 일
- 나와 다른 사람의 욕구를 헤아리는 일
- 나와 다른 사람을 인내심을 가지고 다정하고 관대하게 대하는 일

- 나 자신에게 친절하기보다 다른 사람을 친절하게 대하거나 다른 사람에게서 친절한 대우를 받는 일이 좀 더 흔해요.
- 나를 친절하게 대하는 일은 힘들 때도 있지만, 결국 우리를 건강하고 행복하게 해 준답니다.

친절의 유익함

생각해 봐요 누군가 나에게 친절했을 때를 떠올려 보세요. 좌절하거나 실망한 후였을지도 몰라요. 그때 어떤 느낌이 들었나요? 같은 상황에서 여러분은 자신에게 친절했나요? 아래에 적어 보세요.

_____

_____

_____

상상해 봐요 친구가 좌절과 실망을 겪고 있다고 상상해 보세요. 어떻게 위로해 줄 건가요?

_____

_____

_____

생각해 봐요 다른 사람에게 위로해 주는 말과 나에게 위로해 주는 말에 차이가 있나요? 혹시 다른 사람을 대할 때와 나를 대할 때 판이하게 다르지 않나요?

_____

_____

_____

우리는 다른 사람보다 나에게 훨씬 더 비판적인 경향이 있답니다. 흥미롭지 않나요? 나에게 더 친절해지는 방법을 익히면 내 삶에 큰 변화가 생긴답니다. 나에게 친절해지면 (그래서 덜 비판적이 된다면) 다음과 같은 경험을 할 거예요.

- 자신감이 넘칩니다.
- 항상 내가 원하는 일을 합니다.
- 적극적인 태도로 내가 믿는 바를 지킵니다.
- 어려운 일에 용기 내 도전합니다.
- 실수에서 배울 줄 압니다. (온갖 수단과 방법을 써서 피하지 않습니다.)
- 여러 활동에 참여합니다. 두려운 마음이 들더라도요.
- 불안, 우울, 좌절을 경험하는 일이 줄어듭니다.

나에게 친절해지겠다는 생각을 행동으로 옮기기란 말처럼 쉽지 않아요. 『나에게 친절해지는 연습』에서는 '친절을 실행'하는 데 필요한 다양한 기술을 배워 나갈 거예요. 여러분이 익힐 기술들은 행복감을 주고 나를 의심하고 비판하는 마음을 줄여 줄 거예요. 나에게 더 친절한 진정한 친구가 되어 주세요.

두 마리 늑대

어느 날 저녁, 할아버지가 어린 손주들에게 각자 겪어 내야 할 내면의 싸움에 관해 가르치고 있었어요. "우리 마음속에서는 두 마리 늑대가 싸우고 있단다. 한 마리는 불타는 복수심과 분노에 휩싸여 억울해하면서 자신이 세상에서 제일 불행하다는 생각에 빠진 채 잔뜩 겁을 먹은 상태지. 다른 한 마리는 동정심 많고 기쁨과 희망에 가득 차 있고 너그럽고 상냥하며 진실되고 배려심이 많고." 한 손주가 물었지요. "할아버지, 어떤 늑대가 싸움에서 이겨요?" 할아버지는 그렇게 물을 줄 알았다는 듯 미소 지으며 대답했습니다. "네가 먹이를 주는 쪽이란다."

두 마리 늑대에 관한 유명한 이야기입니다. 이 이야기는 우리 내면에서 벌어지고 있는 상황을 상징적으로 보여 주는 좋은 예지요.

이 책을 읽고 다양한 활동을 하면서 여러분은 동정심 많고 기쁨과 희망이 넘치고 너그럽고 상냥하며 진실하고 배려심 많은 나를 먹이고 돌보는 법을 알게 될 거예요!

이 책에 대해 조금 더 소개할게요

『나에게 친절해지는 연습』은 여러분이 새로운 것을 발견하도록 이끌어 줄 거예요. 책을 다 읽으면,

- 나와 다른 사람들을 더 잘 이해하게 될 거예요.
- 나를 지치게 하는 것이 무엇인지 제대로 인식하게 될 거예요. 덕분에 더 나은 모습이 되기 위해 노력하는 데 집중할 수 있어요. (내가 아닌 다른 사람이 되기 위해 노력하다가 진이 다 빠질 일은 없겠지요!)
- 주의 집중, 마음챙김, 심상화(imagery)의 이점을 깨닫고 그런 기법을 언제 어떻게 간편하면서도 효과적으로 활용하면 좋을지 배울 거예요.
- 신체 건강, 감정, 생각, 행동을 긍정적으로 발전시키고 행복감을 높여 삶에서 더 많은 것을 얻을 수 있어요.
- 앞으로도 나에게 친절해지는 여정을 계속할 수 있도록 미래에 나아가야 할 방향을 설정할 수 있어요.

> "밖에서 보기에 좋은 인생이 아니라
> 내면에서 좋은 감정이 차오르는 삶을 꾸리세요."
>
> – 작자 미상

이 책을 혼자서 읽든 친구, 부모님, 상담 선생님 등과 함께 읽든 여러 활동과 일러스트와 활동지가 책을 끝까지 읽어 내도록 도와줄 거예요.

여러분은 지금 '들어가며'를 읽고 있어요. 이 책을 소개하는 부분이며, 인사를 나누고 친절을 향한 여정을 준비하는 곳이기도 하지요. 그런 다음 3부로 나뉜 10개의 장을 읽게 될 거예요. 책은 '나가며'로 끝맺습니다. '나가며'에서는 이 책에서 습득한 기술을 이용해 긍정적인 방향으로 나아가는 데 여러분의 마음과 에너지를 집중하길 바라는 마음을 담았습니다.

1부. 나에게 친절해지는 여정의 시작

1부에서는 '건강과 행복'이라는 말이 의미하는 바를 간단히 설명하고, 기억을 돕는 보조 도구(연상 기호라고도 부르는데 좀 어렵게 느껴질지도 모르겠어요)로 친절을 의미하는 영어 단어를 활용한 K.I.N.D.E.S.S.를 소개합니다. K.I.N.D.N.E.S.S.는 여러분이 건강하고 행복해지기 위해 이미 하고 있는 일에 초점을 맞추고 거기에 더해 새롭게 시도해 볼 만한 아이디어를 추가해서 만들었답니다. 이 기호 K.I.N.D.E.S.S.는 친절을 핵심으로 나를 (그리고 다른 사람들을) 이해하기 위한 틀이 되어 줄 거예요.

또 여러분이 가지고 있는 가치관을 탐구하고 앞으로의 인생을 안내해 줄 나침반으로 활용할 수 있도록 안내할 거예요.

2부. 차근차근 일상을 구성하기

2부에서는 주의 집중, 마음챙김, 심상화 기법에 초점을 맞춥니다. 이 기술들은 각각은 물론 모두 함께 적용할 때 우리의 삶의 질을 확실하게 끌어올려 줍니다. 책을 읽는 동안 여러분은 도움이 되는 기본 기술들을 연습하고 익힐 거예요.

3부. 다독다독 나의 몸과 마음 돌보기

3부는 생리 기능과 작용(줄여서 '몸'), 감정, 생각, 행동에 초점을 맞춥니다. 여러분의 삶에서 특별하고 중요한 부분을 담당하면서 서로 상호작용하고 영향을 주는 것들이지요. 이 네 영역이 서로 어떻게 영향을 미치는지 이해하면 삶의 질을 향상시킬 변화를 이끌어낼 수 있답니다.

책은 '나가며'를 끝으로 이별을 고합니다. 아무쪼록 마지막 몇 쪽을 읽는 동안 친절함을 갈고닦는 여정을 되돌아보고 미래를 위한 다짐을 굳히길 바라요.

책을 읽으며 접하는 다양한 활동에 적극적으로 참여해 보세요. 가령 힘든 감정을 겪을 때 음악을 활용하고 가사를 써 보는 방법을 소개할 거예요. 또 탐정이나 슈퍼히어로가 되어서 머릿속에 떠오르는 생각이 이로운지 해로운지 증거를 조사하는 활동도 해 볼 거예요. 혹은 어려운 일을 앞두고 있을 때 나에게 친절해지도록 격려하고 응원해 줄 친절 코치나 활동가, 응원단을 만들어 활용하기도 할 거랍니다. 비전 보드와 여러 창의적인 활동을 통해 여러분의 미래가 어떤 모습이면 좋을지에 집중하고 다양한 사례도 읽으면서 이 책에 실린 아이디어를 생활에서 실천해 볼 거예요.

간단히 훑어보고 넘어가고 싶은 부분이 있을지도 몰라요. 예컨대, 나의 감정에 대해 잘 알고 이름을 붙일 수도 있으며 어떤 영향을 받을지 예상하는 법을 이미 알고 있을 수도 있어요. 그런 경우라면 자료를 가볍게 넘겨 보기만 해도 괜찮아요. 혹시 모르죠, 도움이 될 만한 실마리를 얻거나 알고 있던 것과 살짝 다른 정보를 발견하거나 도움이 될 만한 활동을 찾을 수도 있잖아요. 여러분은 이 책에서 소개하는 활동을 해 보도록 '초대'받았다는 사실이 중요해요. 호흡에 집중하거나 몸에 초점을 맞추는 일이 어렵게 느껴진다면 (예컨대, 건강상의 문제가 있다면) 그 부분은 건너뛰어도 괜찮아요. 대신 소개한 활동을 실천하면 어떨지 상상해 보거나 다른 누군가와 함께하며 간접 체험을 해 볼 수도 있겠지요.

길잡이가 되어 줄 아이콘

『나에게 친절해지는 연습』에서는 여러 가지 아이콘을 길잡이로 이용한답니다. 몇 가지는 앞서 봤을 거예요. 자세히 살펴보면서 무슨 뜻인지 알아보도록 해요.

이 아이콘은 통찰력을 얻고 이해를 돕는 유용한 조언을 담았다는 뜻이에요.

잠시 돌아보는 시간을 가지면 학습 능력 강화와 행복에 큰 도움이 된답니다. 비판적인 태도가 아닌 친절한 태도로 성찰하는 것이 중요해요. 이 아이콘을 보면 스스로 돌아본 다음 함께 있는 빈칸에 생각한 것을 적어 보세요.

가끔은 어떤 일이 벌어질지 (완전히 골몰하기보다) 가볍게 생각해 보면 도움이 된답니다. 이 아이콘은 잠시 어떤 것에 관해 생각해 보라는 뜻이에요.

이 아이콘은 특별히 기억해 두면 좋다는 점을 강조해요. 『나에게 친절해지는 연습』을 읽는 동안 유용한 정보를 간추려 둔 코너를 활용하면 도움이 될 거예요. 특히 '기억해 둬요' 아이콘으로 강조한 부분을 놓치지 않도록 해요.

무언가를 뒷받침하는 과학적 근거와 관련 연구에 관해 알고 싶은 마음이 들 때가 있나요? 그렇다면 이 아이콘이 흥미로운 정보를 알려 줄 거예요.

사례들은 아이디어를 구체화하는 데 도움이 됩니다. 누군가 겪고 있는 어려운 상황을 이해하거나 중요한 아이디어, 요점, 문제 등을 구체적으로 깨달을 수도 있어요. 『나에게 친절해지는 연습』에서 사용된 사례는 실제 경험을 보여 주기는 하지만 모두 가공한 이야기랍니다.

삶에 변화를 주고 싶다면 바로 실험을 해 봐야겠지요! 여러분의 관심사를 바꾸고 마음챙김을 훈련하는 등의 활동은 '실험해 봐요' 아이콘과 함께 소개될 거예요. 마음을 열고 호기심을 가지고 참여해 보세요. 직접 시도해 본 경험이 여러분의 일상에 중요한 부분으로 자리 잡길 바랄게요.

새로운 기술은 사용하면 할수록 익숙해진답니다. '실천해 봐요' 아이콘을 만나면 주저 말고 연습해 보세요.

마지막으로 나만의 친절 상자를 만드는 아이디어를 소개합니다. 이 아이콘을 볼 때마다 친절 상자 안에 뭔가 넣어 보세요. 여러분이 읽은 내용과 관련된 물건도 괜찮고, 읽으면서 반짝 떠오른 것도 좋아요.

　　『나에게 친절해지는 연습』을 읽어 나가다 보면 이런 아이콘에 익숙해질 거예요. 아이콘을 참고하면서, 꼭 알아 두어야 할 부분에 표시하거나 메모해 두고 필요할 때 바로 찾아보는 방법도 도움이 된답니다.

이 책을 활용하는 방법

　　『나에게 친절해지는 연습』은 유용한 정보와 다양한 활동을 담고 있어요. 꼭 실천해서 여러분의 일상생활에 적용해 보세요. 한번 휘리릭 훑어보고 덮어 버리거나 허구

한 날 붙들고 있진 마세요! 여러분의 속도에 맞춰 읽어 나가면 돼요.

나의 친절 상자

『나에게 친절해지는 연습』에서는 나의 친절 상자를 만드는 방법과 무엇을 넣으면 좋을지를 중요하게 다룰 거예요. 특정 장소·반려동물·사람들의 사진을 넣어도 좋고 좋아하는 노래의 가사, 플레이리스트, 비전 보드, 마인드맵, 격언, 장식품, 애착 물건, 편지, 곰 인형, 조약돌, 소중한 물건 등등 여러분이 행복해지는 데 도움이 되는 것은 무엇이든 넣어도 좋아요. 친절 상자는 친절함을 발견하고 기르는 과정에 이로울 뿐만 아니라 앞으로도, 특히 일이 계획대로 풀리지 않을 때 큰 도움이 될 거예요.

무엇이 필요할까요?

상자는 새것을 사거나 직접 만들거나 재활용하거나 (다른 목적으로 사용되었던 것을) 용도 변경해서 이용해도 좋아요. 책을 읽기 전에 먼저 상자를 색칠하거나 꾸며도 좋고, 책을 읽는 도중에 마음 가는 대로 만들어도 괜찮아요. 침대 밑에 넣어 두거나 책꽂이에 두기 좋은 정도의 아담한 크기를 원할 수도 있고 서랍 한 칸을 사용하거나 특별한 장소에 보관해야 할 정도로 큼직한 상자를 골라도 좋아요. 물건을 모으는 데 취미가 없다면 스마트폰이나 태블릿을 이용해 음악, 사진, 좋은 글귀를 저장해도 좋겠지요.

나에게 도움이 되는 방법을 찾아 마음에 들게 만드는 것이 중요하답니다. 그래야 잘 활용할 테니까요.

들어가며

17

여유를 갖기

자전거 타기나 수영, 외국어를 배우는 데에는 시간이 들어요. 물론 인내심도 필요하지요. 엉망인 하루를 보내고 일이 계획한 대로 풀리지 않더라도 괜찮아요. 내일은 내일의 가능성과 모험이 여러분을 기다릴 거예요. 실수마저도 새로울 거니까요!

> "실패가 선택지에 포함되지 않는다면
> 우리는 창의성과 배움과 혁신을 잊을지도 모릅니다."
> – 브레네 브라운

『나에게 친절해지는 연습』은 인생을 헤쳐 나가는 데 도움이 되는 전략에 초점을 맞춥니다. 작은 발걸음을 내딛다 보면 커다란 변화를 가져오지요. 그러니 책을 읽으며 나의 등을 토닥이는 것을 잊지 마세요. 조급해 말고 나의 방식대로 읽어 나가요. 각 장별로 시간을 정해서 일정량을 읽는 방식을 좋아하는 사람도 있을 거예요. 친구, 가족과 팀을 이뤄 함께 책을 읽고 활동하는 것을 좋아하는 사람도 있겠지요.

어떤 공으로 묘기를 부리고 있는지 인지하기

이 책을 시작할 때 말한 것처럼, 여러분은 한 번에 여러 개의 공을 들고 묘기를 부리는 중일 거예요. 너무 정신이 없고 혼란스러울 때는 무슨 공을 들고 있는지 직접 적어 보면 도움이 된답니다.

관심사를 공에 적어 넣으면 내가 균형을 잡기 위해 노력하는 것들이 무엇인지 알아차리는 데 도움이 돼요. 그것들을 생각만큼 잘 '통제'하고 있지 못하더라도 괜찮아요. 여러분이 겪는 인생의 모든 어려움을 다 해결할 수는 없어요. 마법 지팡이가 있는 것도 아니니까요. 하지만 『나에게 친절해지는 연습』은 힘들 때나 기쁠 때 방향을 잃지 않도록 도와줄 거예요. 그러면 결국 행복해지고 건강해질 거예요.

나에게 더 친절해지기

『나에게 친절해지는 연습』은 나와 가까워지는 방법을 담고 있어요. 자신에게 최악의 적이 아닌 가장 친한 친구가 되기 위해서지요. 이 책에서 소개하는 다양한 활동에 즐겁게 참여하길 바라요.

이 책은 (문제 개선에만 초점을 맞춘 자기 계발서라기보다) 모두를 위한 친절한 안내서랍니다. 여러분이 삶의 어려움을 헤쳐 나가는 데 필요한 무기들을 갖추도록 도와줄 거예요. 그렇게 볼 때 이 책을 일찍 접할수록 이익이겠지만, 사실 나이와 상관없이 지금만큼 시작하기 좋을 때는 없지요. 자, 이제 시작할게요.

1부는 나에게 친절해지는 여정을 위한 준비 과정이에요.

1, 2, 3장에서는
• 건강과 행복이 무엇인지 살펴볼 거예요.
• 나를 (그리고 다른 사람을) 이해하기 위한 틀을 담았어요.
• 나의 가치관을 탐색해 삶의 나침반으로 사용할 수 있게 도울 거예요.

1장

건강하다는 건 어떤 의미일까?

이 질문에는 수백만 가지의 답이 있을 거예요. 간단히 말하면 건강하다는 건 '잘 지내고 있다'는 뜻이에요! 우리의 건강은 두 가지 요소로 이루어져 있어요. 신체의 건강(어느 정도 알고 있고 꽤 자주 이야기하는 부분이죠)과 정신의 건강(나와 다른 사람과 주변 세상을 어떻게 생각하고 느끼는가를 말해요)이지요. 몸이 아프거나 마음이 힘든 상황이라면 건강하다고 말할 수 없어요.

이 책에서는 이 두 가지 요소를 모두 다룰 거예요. 두 가지 모두 굉장히 중요하거든요.

> **이번 장에서 우리는**
> - 건강과 행복의 관계를 알아볼 거예요.
> - 건강한 생활을 하기 위한 전략을 살펴볼 거예요.
> - 건강에 도움이 되는 것과 방해되는 것을 생각해 볼 거예요.
> - 건강해지는 기술을 익혀 볼 거예요.
> - 친절 상자에 무엇을 넣을지 생각해 보아요.

건강의 다양한 측면을 제대로 이해하기

신체를 건강하게 단련시키는 데 도움이 되는 프로그램이나 자료들은 차고도 넘칩니다. 그만큼 관심이 많아서겠지요. 다양한 건강 잡지, TV 프로그램, 유튜브 영상, 동네 곳곳의 헬스클럽 그리고 (우리가 좋아하든 싫어하든) 교과 과정에도 체육이 포함되어 있어요. 서점의 건강 코너에도 사람들이 북적거리고요.

하지만 정신 건강은 이와는 대조적인 취급을 받아 왔어요. 역사적으로 정신이 건강하지 못한 사람에겐 부정적인 평가와 금기, 오명이 꼬리표처럼 붙어 다녔지요. 지금도 역시 누군가 정신 건강을 개선하는 데 관심을 보이면, 어딘가 이상이 있다거나 뭔가 약점이 있다거나 '문제가 있다'라는 식의 추측을 하고요. 이건 많은 사람들이 정신 건강과 관련해선 유용한 정보를 얻지 못하고 있다는 뜻이기도 해요. 더 걱정되는 상황은 만약 정신 건강에 문제가 생긴다면 아무에게도 알리지 못하고 침묵 속에서 혼자 고통 받을 가능성이 크다는 점이에요. 그러다가 고립되고 자신을 비난하고 의심하는 등 다른 어려움을 키울 수 있어요.

다행히 흐름은 바뀌고 있어요. 소위 '셀럽'들과 SNS에서 영향력을 행사하는 인플루언서, 스포츠 스타 등 점점 많은 사람들이 건강한 식단과 운동 관련 정보를 나누던 방식으로 정신 건강을 돌보는 법에 대해서 소개하고 있어요. 이제 단순히 삶의 질을 개선하기 위한 수단으로서뿐만 아니라 경기력과 집중력 향상을 위한 방법으로 여러 정신 건강 전략을 공유하기도 합니다. 스포츠에서는 경기에 집중하기 위해(올림픽 금메달리스트인 토머스 데일리는 10m 플랫폼에서 다이빙하기 전 몸과 마음의 긴장을 풀기 위해 마음챙김 훈련을 한다고 해요!), 무대에서는 다른 자아를 끌어내 맡은 캐릭터를 연기하기 위해(비욘세는 공연할 때 사샤 피어스라는 또 다른 자

1부 나에게 친절해지는 여정의 시작

아를 활용하지요) 자신에게 맞는 정신 건강 전략을 사용한답니다.

또, 우울증이나 공황장애 등 정신 질환을 앓았던 경험을 고백하는 사람들도 늘어나고 있어요. 영국의 윌리엄 왕자와 해리 왕자가 어머니를 잃은 사건이 자신들에게 어떤 영향을 끼쳤는지 공개적으로 이야기했고 모델이자 영화배우인 카라 델레바인, 가수 조지 에즈라와 샘 스미스, 테일러 스위프트, 프로레슬링 선수이자 영화배우인 드웨인 존슨 등등 많은 사람들이 정신 건강에 대한 편견을 깨고자 애써 왔어요. 이렇게 공개적으로 이야기하는 건 누구나 정신 건강상의 문제로 힘들어질 수 있으며 그것은 부끄러워할 일이 아니라는 사실을 말해 주고 싶어서겠지요. 다리가 부러졌다고 부끄러워하지 않으면서 정신 건강상의 도움이 필요하다고 부끄러워할 까닭은 없잖아요?

정신 건강과 삶의 질을 향상하는 데에 관심이 있어서든, 현재 불안·우울·섭식 장애 등의 문제를 겪고 있기 때문이든, 혹은 그저 호기심에서든 이 책을 읽기로 한 것은 잘한 선택이에요. 혼자 힘들어하지 마세요.

앞으로 함께 우리의 신체와 정신 건강에 영향을 주는 것들에 대해 찬찬히 살펴보도록 해요.

우리의 신체 건강에 영향을 미치는 것

우리의 몸, 우리가 하는 활동, 우리가 먹는 음식, 수면의 질과 양은 모두 신체 건강에 영향을 미칩니다. 어떤 사람들은 푹 자고 운동하는 일이 식은 죽 먹기라고 생각하는 반면, 그런 일을 힘들어하는 사람도 있어요. 점점 심해지는 통증, 당뇨병, 천식, 두통 등을 겪거나 특정 음식을 제한하는 식이 요법을 지켜야 하는 사람도 있고, 큰 어려움 없이 인생을 순탄하게 살아가는 듯 보이는 사람도 있지요.

나의 신체 건강에 영향을 미치는 것은 무엇인가?

신체 건강과 관련해 과거에 일어났던 일이나 현재 겪고 있는 일을 적어 보세요. 그 중에는 신체 건강에 긍정적인 영향을 준 일도 있고 부정적인 영향을 준 일도 있을 거예요.

_____

_____

_____

우리의 정신 건강에 영향을 미치는 것

인생의 경험(우리가 겪은 다양한 사건들이 미친 영향), 유전자(몸, 성격, 기질), 종교, 나고 자란 문화(규범) 등등 모든 것이 정신 건강에 영향을 미칩니다. 때로는 영향력이 너무 크기도 하고 때로는 작기도 하며, 긍정적일 때도 있고 부정적일 때도 있지요.

나의 정신 건강에 영향을 미치는 것은 무엇인가?

정신 건강과 관련해 과거에 일어났던 일이나 현재 겪고 있는 일을 적어 보세요. 그 중에는 정신 건강에 긍정적인 영향을 준 일도 있고 부정적인 영향을 준 일도 있을 거예요.

_____

_____

_____

이 내용은 2장에서 더 사세히 살펴볼 거예요. 이번 장에서는 지금 나의 건강과 행복에 영향을 미치는 몇 가지 요소에만 집중할게요.

- 신체를 건강하게 단련하고 근육을 만들어 튼튼해지고 싶다면, 여러분은 운동을 하고 식단을 바꿀 거예요. 이와 마찬가지로 정신을 건강하게 단련하고 싶다면 나에게 친절해지는 법을 익히고 삶의 질을 높여 줄 활동을 해야 해요.
- 지금 나의 감정 때문에 고민이 깊다 하더라도 괜찮아요. 누구나 어려움을 겪을 때가 있답니다. 몸과 마음이 건강해지는 열쇠는 무엇이 나에게 도움이 되는지 정확히 아는 데 있습니다.

신체 건강과 정신 건강의 상호 작용

정신과 신체의 건강을 분리해서 생각할 때가 많지만 사실 두 가지는 서로 많은 영향을 주고받아요. 이 점을 아는 것은 여러모로 도움이 됩니다. 예컨대, 몸이 다쳤다면 걱정되고 우울해질 가능성이 커집니다. 마찬가지로 슬플 때에는 행복하거나 신날 때와 같은 수준의 에너지를 내지 못하고 활동량도 줄지요. 그런 상황에서는 기운이 나지 않을 테니 기분에도 더 부정적인 영향을 줄 거예요.

건강 상태가 좋지 않을 때가 있었나요? 몸이 아프니 건강이 염려되고 친구를 만나지도 못했을 거예요. 그런 상황은 나의 정신 건강에 어떤 영향을 미쳤나요?

_____

_____

심적으로 힘들었던 적이 있나요? 활력이 없고 잠을 제대로 못 자거나 심장이 불규칙하게 뛴다고 느꼈을지도 몰라요. 그런 상태가 나의 신체 건강에 어떤 영향을 미쳤나요?

_____

_____

_____

이런 상호 작용은 반대로도 작동한답니다! 신체가 건강해야 정신 건강도 좋아집니다. 정신이 강하다고 느낄 때에는 우리 몸도 튼튼하게 느껴지지요. 즉, 우리의 정신과 신체는 각각 존재하면서도 함께 조화를 이루어 건강한 삶에 영향을 줍니다.

나에게 친절해진다는 것 - 건강하게 성장한다는 것

이 책에서 우리가 익히게 될 친절함은 '기꺼이 도움을 주고, 자상하고, 사려 깊고, 관대하고, 온화하며 배려심 있는 성품이나 행동'을 의미해요. 친절함이 몸에 배도록 훈련하고 실천하는 일은 어른으로 성장하고 많은 일들을 꾸려 나가는 과정에서 매우 중요하답니다.

영어 단어인 'KINDNESS(친절)'의 각 알파벳을 활용해서 만든 연상 도구를 소개할게요. 이 도구는 행복하고 건강한 생활을 유지하게 해 주는 핵심 요소에 집중하도록 여러분을 도와줄 거예요. 핵심 요소는 모두 여러분의 신체와 정신 건강과 관련이 있답니다.

연상 도구의 글자마다 간단한 설명과 예시를 보여 줄 거예요. 읽어 보면서 내가 이미 하고 있는 것과 새롭게 해 보고 싶거나 확장하고 싶은 분야가 있는지 생각해 보세요. 앞으로 다양한 정보와 아이디어와 활동을 소개하고 자세히 설명해 나갈 예정이랍니다. 이 연상 도구가 훌륭한 시작점이 되어 줄 거예요.

친절의 구성 요소 활용하기

다음의 활동지에는 K.I.N.D.N.E.S.S.의 구성 요소에 관한 질문이 담겨 있습니다. 각 항목과 관련된 활동을 이미 하고 있다면 먼저 적어 보아요. 계속 해 나갈 생각이거나 더 확장하고 싶은 활동일 테니까요. 그런 다음 새롭게 해 보면 좋을 만한 것을 생각해 봐요. 떠오른 것을 활동지의 빈칸에 적어 봅니다.

친구와 가족들을 기분 좋게 해 줄 일을 생각해도 좋고, 나에게 도움될 만한 생각들도 좋아요.

나에게 친절해지는 연습

K.I.N.D.N.E.S.S.의 구성 요소	예시	내가 이미 하고 있는 것과 새롭게 하고 싶은 것
계속 배워요(Keep learning) 새로운 노래를 익히거나 좋아하는 동물이나 식물을 관찰하고 조사해 보는 등 뭔가 흥미로운 것을 배울 때 경이로움과 성취감을 느낄 수 있어요. 나는 무엇을 공부하거나 배우고 싶나요?	책을 읽거나 산책하거나 퀴즈 맞히기를 하거나 퍼즐을 풀거나 악기를 배우거나 박물관이나 동물 보호소를 방문해 보세요.	
소통해요(Interact) 친구와 가족과 함께 시간을 보내며 소통하는 일은 건강한 삶에 도움이 됩니다. 어떻게 하면 보다 자주 어울리고 잘 소통할 수 있을까요?	스포츠 팀을 만들거나 동아리나 밴드에 들어갑니다. 가족들과 여행을 가거나 친구네 집에 놀러 가거나, 파티를 기획하거나 함께 모여 게임을 해 보세요.	
주의 깊게 살펴요(Notice) 내가 현재 어떤 느낌인지 알아차리고 관심을 기울이는 일은 중요해요. 나는 기분이 급격히 나빠질 때나 좋아질 때 잘 알아차리나요?	필요할 때 주변에 도움을 요청합니다. (또는 소중한 사람이 도움이 필요한 상황인지 잘 살펴봅니다.) 친구나 가족이나 팀원이나 상담 선생님에게 털어놓습니다. '좋지 않은 상태라도 괜찮아'라는 말을 꼭 기억하세요.	
결정해요(Decide) 나의 건강한 삶을 중요하게 고려하며 결정을 내리면 충만한 삶을 사는 데 도움이 됩니다. (그렇지 않으면 두려움이나 회피하려는 마음에 쫓기는 삶을 살겠지요.) 나의 건강한 삶에 이로운 방향으로 결정할 수 있나요?	미래의 계획을 세웁니다. 취미를 갖고, 배우고 싶은 강좌에 등록하고, 만만치 않아 보이는 일에 도전하고 두려움에 맞서 보세요.	

보살펴요 (Nurture) 나에게 친절하세요. 일이 잘 안 풀려 기분 나쁜 하루를 보내는 중이라면, 기분이 나아지게 하기 위해 무엇을 하면 좋을지 생각하는 거예요. 어떤 식으로 나를 보살필지 생각해 보고, 나를 보살피는 행동들이 습관이 될 수 있도록 하세요. 일이 잘 풀리지 않을 때 멈추고 시간을 갖는 '타임아웃'을 활용하거나, 반려동물을 키우거나, 자연을 가까이에서 느끼는 등의 활동이 도움이 될 수 있을 거예요.	'오늘 하루 나에게 얼마나 친절할 수 있을까?'라고 스스로에게 물어보세요. 그림을 그리거나 자연 속에 머물거나 음악을 듣거나 코미디 프로그램을 보거나 누군가와 대화하거나 감정을 기록해 보세요. 일이 뜻대로 풀리지 않을 때에야말로 나에게 친절해져야 한다는 점을 기억하세요.	
운동해요 (Exercise) 활동은 기분이 좋아지는 호르몬 분비를 촉진합니다. 운동은 다른 사람과 어울리는 데에도 도움이 되지요. 나는 어떤 신체 활동을 좋아하나요? 도전해 보고 싶은 운동은 무엇인가요?	산책하거나, 운동 앱을 설치하고 프로그램대로 운동하거나, 체력 단련을 하거나, 친구와 새로운 운동 강좌에 등록하거나, 개와 함께 거닐어 보세요.	
나를 돌봐요 (Self-care) 나의 몸과 정신 건강을 돌보는 일은 삶의 질을 높이는 데 중요합니다. 나는 개선하고 싶은 부분이 있나요? 마음을 느긋하게 먹거나 즐거운 시간을 보내는 데 도움이 되는 활동은 무엇인가요? 나에게 보상하거나 나를 아끼는 마음을 드러내기 위해 무엇을 할 수 있을까요?	건강한 식습관과 수면 습관을 들이고, 머리 모양을 바꾸고, 샤워를 하고, 꽃을 사고, 바닷가에 가고, 나를 위한 축하 파티를 기획해 보세요. 	
다른 사람을 응원해요 **(Support others)** 친절한 말이나 몸짓은 다른 사람의 하루를 환하게 밝혀 주고 나의 기분도 좋게 해 줍니다. 다른 사람을 어떤 식으로 응원할 수 있을까요?	자원봉사를 하고, 자선 단체 행사에 참여하고, 다른 사람을 칭찬하거나 응원의 메시지를 보내거나 카드나 메모를 써 주는 등 친절한 행동을 해 보세요.	

이제 시도할 차례입니다. 앞에 적은 새로운 활동을 시도해 봐도 좋아요. 믿고 의지하면서 함께 시간을 보내고 싶은 사람에게 도와 달라거나 같이 하자고 부탁할 수도 있겠지요. 방해될 만한 문제를 해결하거나, 도전해 볼 마음이 들도록 작은 활동으로 나눠 볼 수도 있어요. 중요한 것은 내가 나아갈 방향이랍니다. 나에게 맞는 방법을 찾아 다양하게 시도해 보세요.

새로운 활동에 참여할 때는 자신이 어떤 감정인지 알아차리는 것이 중요합니다. 활동을 반복하거나 연습하는 쪽이 좋을까요, 아니면 관심을 다른 쪽으로 돌리는 편이 도움이 될까요? 무엇을 했고 어떤 식의 과정을 거쳤는지 진행 상황을 확인할 수 있도록 이모티콘이나 체크 표시, 웃는 얼굴 표시 등을 써서 활동지를 채워 보세요. 어떤 점이 바뀌었는지, 앞으로 어떤 계획을 따를지 등을 적어 보는 것도 좋아요. 앞으로도 계속 실천하거나 도움이 될 만한 것이 있나요?

_____

_____

_____

작은 변화가 큰 차이를 만들어 낸답니다.

- 실패할 것이 뻔한데도 과하게 나를 밀어붙이지 마세요. 그런 행동은 아무에게도 도움이 되지 않아요. 할 만하다 싶은 일을 골라 도전해 보세요.
- 목표를 이루기 불가능하거나 계획대로 되지 않는다 해도 나를 비난하지 않도록 해요. 친구가 같은 상황에 부닥쳤다면 뭐라고 말해 줄지 생각해 보세요. 그런 다음 나에게 같은 말을 해 주는 거예요. 중요한 것은 목소리나 말투도 친구에게 하듯이 해야 한다는 점이에요. 그러고 나서, 전략을 세우고 뭘 해야 할지 계획해 보세요.
- 유용한 방법을 찾아냈다면 내일, 모레, 글피에도 계속 도전해 보는 건 어떨까요?

나의 친절 상자

책의 첫머리에서 친절 상자가 무엇이고 어떻게 만드는지 소개했어요. 나에게 친절해지도록 도와주는 것들을 넣는 곳이자 행복해질 방법을 떠올리게 해 주는 도구라고 설명했지요. 책을 읽다 보면 친절 상자에 관한 이야기가 자주 나올 거예요. 원한다면 애칭을 만들어 줘도 되고 상자가 아닌 다른 물건을 활용해도 좋아요. '행복 가방'이라거나 '행복 충전기'라거나 '행복 주머니'라거나 '좌절 금지함' 등등 무엇이든 괜찮아요. 핵심은 나에게 친절해져야 한다는 것을 상기하도록 해 주는 것들을 모아 두어야 한다는 데 있지요.

이것은 나의 상자라는 점을 기억하세요. 그래야 원하는 대로 응용할 수 있답니다. '들어가며'에서 말했듯 나의 친절 상자에는 소중한 물건들이나 사진이나 그림, 좋아하는 시나 노랫말, 기분을 띄워 주거나 웃음이 나는 TV 프로그램, 마음을 편안하게 해 주는 애착 물건, 푹신한 곰 인형, 반짝이는 조약돌이나 위로가 되는 냄새 등을 넣을 수 있어요.

친절 상자에 무엇을 넣고 싶은지 생각할 때 다음과 같은 질문을 해 보면 도움이 될 거예요.

- 기분이 별로일 때 도움이 되는 것엔 무엇이 있을까? 글을 쓰거나 음악을 듣거나 친구와 이야기하거나 그림을 그리거나 운동을 하면 도움이 될까?
- 누가 도와줄 수 있을까? 나에게 좋은 감정을 느끼게 해 주거나 응원을 아끼지 않는 사람은 누가 있을까?
- 어떤 장소가 도움이 될까? 나는 영화를 보거나 정원에 앉아 있거나 축구 경기를 관람하거나 공원에 가는 것을 좋아하나? 좋아하는 장소의 사진을 상자에 넣어 보는 건 어떨까? 기분이 별로인 날 그런 장소나 사진이 기분을 끌어 올리는 데 도움이 될까?

2장

나와 다른 사람을 이해하기

우리는 스스로 선택하지도 않은 복잡한 몸과 마음을 가지고, 이해하기 어려운 세상에 태어났어요. 인생의 고난을 뚫고 나아갈 방법을 알려 주는 설명서도 없이 보내졌지요. 설명서가 있다고 해도 우리의 몸과 경험이 만들어 낼 무한한 가능성과 위험 탓에 그대로 따라 할 수도 없을 거예요.

우리는 완벽하지 않아요. 스스로를 '멍청이'나 '위선자' 같다고 느끼는 일도 허다하지요. 누구나 가끔 그렇게 느낀다는 사실을 알면 조금이나마 위로가 될지도 모르겠어요. 게다가 우리 몸은 시시때때로 말썽을 부려요. 얼굴이 빨개지거나 몸에서 냄새가 나거나 피부에 이런저런 문제가 생길까 봐 신경 써야 하고, 그러다 보면 침착하고 냉정해 보이고 싶을 때 오히려 불안에 휩싸이기도 해요. 이 정도는 우리를 힘들게 하는 많은 것들 중 극히 일부에 불과하지요.

우리가 이런 일에 대처하는 전략 중에는 큰 도움이 되는 것들도 있지만, 어떤 전략은 오히려 문제를 일으키기도 합니다. 그 때문에 자책과 수치심과 자괴감의 소용돌이 속에 휩쓸릴 때도 많지요. 나에 대해 (가능한 한 많이)
알고 있으면 내 삶을 건강하게 꾸려 나가는 데 큰 도움이
된답니다. 나를 이해하면 다른 사람을 이해
하는 데 관심을 돌릴 여유도 생기지요.

이번 장에서 우리는

- 나의 몸의 생리 기능을 이해하고 그것이 나의 성장에 어떤 영향을 미치는지 알아볼 거예요.
- 나의 근심, 걱정, 두려움을 살펴볼 거예요.
- 내가 사용하는 대처 전략을 확인하고, 각 전략의 장점과 문제점을 알아볼 거예요.
- 마인드맵을 만들 거예요.
- 관찰한 것들을 모아서 사람은 서로 얼마나 비슷한가 생각해 볼 거예요.
- 친절 상자에 무엇을 넣을지 생각해 보아요.

이번 장의 다양한 활동과 나를 돌아보는 과정을 겪다 보면 감정이 요동칠 수도 있어요. 단계별 활동을 따라가다가 힘들다면 잠시 멈춰도 괜찮아요. 다른 장을 먼저 읽고 나에게 영향을 끼칠 만한 것들을 살펴볼 마음의 준비가 되었을 때 다시 이번 장으로 돌아와도 돼요. 마음이 힘들어진다면 내가 신뢰하는 동시에 나를 진심으로 아끼는 사람에게 도움을 구하는 것도 좋은 방법입니다.

나 자신 이해하기

나를 이해하는 과정에는 인내심과 친절한 마음이 필요해요. 나에게 친절해져야 한다는 점을 잘 기억하면서 다음 6단계를 차근차근 따라가 봅시다.

1단계	나의 생물학적 특성과 경험 살펴보기
2단계	나의 근심, 걱정, 두려움 확인하고 인정하기
3단계	내가 사용하는 대처 전략 알아보기

4단계	내 대처 전략의 득과 실 살펴보기
5단계	도움이 될 만한 대처 전략을 찾기 위한 마인드맵 만들기
6단계	모든 단계를 통합해 검토하기

이번 장에서는 여러분이 단계별로 탐색하는 과정을 돕기 위해 '코너'가 이야기를 들려줄 거예요.

사례

코너는 자신감이 없어 어려움을 겪고 있습니다. 혀가 짧아서 발음이 안 좋은데 그 때문에 당황하거나 우울할 때가 많았지요. 자세한 내막을 알지 못하는 사람들이 자신을 마음대로 판단할지도 모른다는 생각에 코너는 낯선 사람들과 눈을 마주치는 일도 힘들었습니다.

1단계. 나의 생물학적 특성과 경험 살펴보기

부모님으로부터 물려받은 생물학적 특성은 우리의 고유한 캐릭터를 형성하는 데 큰 영향을 줍니다. 우리의 유전자는 기질, 정서, 지적 능력, 신체 건강, 체형 등에 영향을 주지요. 이런 것들을 통틀어 타고난 본성이라고 해요.

본성에 우리의 경험이 영향을 끼치면 달라지기도 합니다. 가령 키가 엄청나게 클 수 있는 잠재력(생물학적 특성)이 있지만, 건강한 식습관(경험)이 몸에 배지 않는다면 이 잠재력은 발현되지 않을 수도 있어요. 타고난 기질(생물학적 특성)이 내향적이고 수줍음이 많을지라도 사교적인 성향의 대가족 속에서 자랐다면 자신에게 맞는 모임을 잘 찾는 법(경험)을 익혔을지도 모르고요. 어느 정도 외향적인 사람처럼 행동할 수도 있지요. 나에게 적용할 만한 생물학적 특성과 경험의 예를 찾아보세요.

- 생물학적 특성을 살펴보면, 여러분은 운동을 좋아하고 주근깨가 있으며 얼굴이 쉽게 빨개질 수 있습니다. 성장이 빠른 편이거나 늦을 수도 있고, 점이 잘 생기는 체질일 수도 있으며, 성장기의 특정 시점에 또래보다 훨씬 크거나 작을 수도 있지요.

- 경험의 측면에서 보면, 여러분은 공부를 많이 시키는 학교에 다니거나 집에서 홈스쿨링을 하는 중일 수 있습니다. 우정이 두터운 친구들을 곁에 두고 있거나 괴롭힘을 당했을 수도 있어요. 선생님과 부모님 덕에 특정 과목을 좋아할지도 모릅니다. 일찍부터 외국어를 배웠을 수도 있지요.

이제 생물학적 특성과 경험이 나의 삶에 어떤 영향을 줬는지 살펴볼 거예요.

생물학적 특성

신체적 특성과 교육 방식은 지금 내 모습에 어떤 영향을 미쳤나요?
나를 낳아 주신 부모님에게서 물려받은 특성은 무엇인가요?

_____

_____

_____

_____

코너는 이렇게 썼어요.

나는 남자고 혀짤배기소리를 한다.
키는 별로 크지 않고, 부모님처럼 스포츠를 좋아한다.
주근깨가 있다.

어린 시절의 경험과 가족 관계

부모님, 형제 자매와의 관계는 나에게 어떤 영향을 주었나요? 종교, 문화, 사회적 요인이 영향을 끼쳤나요? 예를 들어, 어떤 감정은 표현하면 안 되고, 어떤 식으로 행동해야 하며, 어떤 모습이어야 하고, 어떤 사람을 좋아해야 한다는 등의 교육을 받았을 수도 있어요.

코너는 이렇게 썼어요.

누나는 내 혀짧배기소리를 놀렸다. 그래서 우리 남매는 사이좋게 지내지 못했다. 할아버지 할머니는 '구식'이다. 그분들을 좋아하지만 여자와 남자에 대해 편견을 갖고 있다. 여자는 화내면 안 되고 남자는 울면 안 된다는 식이다. 부모님은 꽤 느긋하고 다정한 분들이다.

교육과 직업

학교, 학원, 집, 동아리 등 사회적인 관계를 맺고 있는 집단을 떠올려 보세요. 그곳이 또는 그곳 사람들이 어떤 식으로 나에게 영향을 주고 있나요? 나는 특정한 주제나 활동을 피하거나 즐기나요? 나는 꿈꾸는 목표나 계획이 있나요?

_____

_____

_____

_____

_____

코너는 이렇게 썼어요.

> 나는 학교 다니는 일이 즐겁다. 공부가 재미있지만 수업 시간에는 조용한 편이다.
> 혀짤배기소리 때문에 나에게 시선이 집중되는 것이 싫다.
> 운동을 잘하고 축구팀에서 뛰는 중이다. 연극 수업에서 배역을 맡는 일은 가능한 한 피한다!
> 어린이 스포츠 팀에서 파트타임으로 코치로 일하고 있다.
> 나는 지금 하는 일이 좋다. 지도자 자격시험을 통과해서 이 일을 계속하고 싶다.

또래 관계와 연애

또래와의 관계는 나에게 어떤 영향을 주었나요? 학교에서 관계 때문에 좋았거나
힘들었던 적이 있나요? 누군가를 좋아해서 사귀게 된 뒤에는 어떤 영향을 받았나요?
(끌렸거나 사귀었거나 헤어졌던 사람들을 떠올려 보세요.)

_____

_____

_____

_____

_____

2장 나와 다른 사람들 이해하기

코너는 이렇게 썼어요.

> 나는 혀짤배기소리 때문에 학교에서 신경 쓰이고 부끄러웠다. 지금도 마찬가지다.
> 우리 가족은 이사를 자주 다녔는데 매번 새롭게 시작하는 느낌이 들어서 힘들었다.
> 여자애들이랑 함께 있으면 항상 주눅이 들었고 혀짤배기소리로
> 이러쿵저러쿵 평가할까 봐 걱정되었다.

이런 방식으로 나의 삶을 되돌아보면 스스로 비판하고 자책하던 일 대부분이 내가 의도해서 일어난 것도 아니고 내 잘못은 더더욱 아니라는 사실을 알게 될 거예요. 내가 통제할 수 있거나 선택할 수 있는 일이 아니라고 판단된다면 나에 대한 비판적인 태도를 버리고 다정하게 대해 주세요. 완벽한 사람은 없어요. 나를 친절하게 대할 때 모든 면에서 이득이 크답니다.

2단계. 나의 근심, 걱정, 두려움을 확인하고 인정하기

우리 마음은 무수한 근심, 걱정, 두려움을 다루고 있어요. 자칫하면 짓눌려 버릴지도 모를 만큼 많은 양이지요. 시간을 내서 이런 부정적인 감정을 자세히 들여다보면 조금은 덜어 낼 수 있고 감당하기도 훨씬 쉬워질 거예요.

우리의 걱정 근심이 외부 세계(환경)에 의해 생겨난 것인지, 내부 세계(내면)에서 만들어진 것인지 구분해서 인식하는 것은 걱정 근심을 '잘게 쪼개는' 방법 중 하나예요. 자세히 설명해 볼게요.

1부 나에게 친절해지는 여정의 시작

40

외부 세계
외부에서 생겨난 근심, 걱정, 두려움은 다른 사람들이 나를 어떻게 생각하고 느끼는지에 영향을 받아요. 거부당할까 봐 겁내고 걱정하거나, 놀림당하거나 비난받거나 외면당할까 봐 염려할 수도 있어요. 폭우, 이상한 소음, 악취, 병원 예약, 인간관계, 시험, 면접, 뉴스 기사도 근심, 걱정, 두려움을 일으킬 수 있습니다.

내부 세계
내면에서 일어나는 근심, 걱정, 두려움은 내가 부족하고, 실패자이고, 외톨이이고, 다른 사람들과 어울리지 못할지도 모른다는 생각이 원인이 되기도 해요. 심지어 걱정에 관해 걱정할 수도 있답니다! 건강, 먹는 일, 화장실에 가는 일, 질병 등 몸에 관해 걱정할 수도 있지요.

　　코너의 근심, 걱정, 두려움을 살펴보도록 해요. 그런 다음 나의 근심, 걱정, 두려움을 적고, 외부 세계와 내부 세계로 나누어 생각해 보세요.

근심, 걱정, 두려움 알아보기

코너의 **외부 환경에서** 발생한 근심, 걱정, 두려움

- (혀짤배기소리 때문에) 사람들이 나에게 편견을 가질 것이다.
- 나와 친구가 되려고 하지 않을 거다. 나를 하찮게 여길 것이다.

나의 **외부 환경에서** 발생한 근심, 걱정, 두려움

-
-
-

코너의 **내면에서** 비롯된 근심, 걱정, 두려움

- 불안감을 감당하지 못할까 봐 걱정된다.
- 의미 있는 관계를 맺지 못할까 봐 걱정된다.
- 사람들과 어울려야 하는 자리에서 항상 전전긍긍할까 봐 걱정된다.

나의 **내면에서** 비롯된 근심, 걱정, 두려움

-
-
-

근심, 걱정, 두려움을 활동지에 적은 다음 어떤 것을 해결하고 싶은지 생각해 봅시다. 눈에 띄는 것이 있나요? 어쩌면 나의 긴강한 삶에 큰 영향을 끼칠 만한 것이 있을지도 몰라요. 오늘 집중할 근심, 걱정, 두려움을 적어 보세요.

_____

_____

_____

코너는 다른 사람들이 자신을 좋지 않게 평가할 거라는 두려움에 초점을 맞추기로 했어요. 자신에 대해 편견을 가질 거라는 두려움이 지금 겪는 다른 어려움들의 중심에 있다고 느꼈지요. 해결하고 싶은 근심, 걱정, 두려움을 정했다면 3, 4, 5단계를 살펴보세요.

3단계. 내가 사용하는 대처 전략 알아보기

우리는 복잡한 몸과 마음으로 험난하기 그지없는 세상을 살아가려 애쓰고 있습니다. 그 과정에서 스스로를 돕기 위해 각자 고안해 낸 방어 행동을 취하기도 하지요. 방어 행동에는 현관문을 제대로 잠갔는지 몇 번이고 확인하는 등의 의식적인 행동도 있고, 호흡이 빨라지는 것과 같은 무의식적인 행동도 있어요. 이런 행동을 통틀어 '대처 전략'이라고 부릅니다.

사람들은 어떤 상황이 발생하기 전, 발생 중, 발생 후의 각 상황에 따라 적절한 대처 전략을 사용하는 경향이 있어요. 비 올 때를 대비해서 미리 우산을 챙기는 사람이 꽤 많다는 것만 봐도 알 수 있지요. 상황에 따른 대처 전략은 큰 도움이 되지요. 개중에는 도움이 되지 않는 전략도 있습니다. 예를 들어, 외모나 시험 성적 때문에 매사 소극적인 태도를 취하거나 자책하는 건, 자존감을 떨어뜨리고 기분도 상하게 만드는 전략입니다. 도움이 되는 전략과 그렇지 않은 전략을 구분해 보고 나에게 해당하는 내용 옆에 표시를 해 보세요.

힘든 상황이 일어나기 전에 내가 사용하는 전략

- 다른 사람들이 어떻게 생각할지 걱정되니 무언가를 하지 않아야겠다고 혼잣말을 합니다.
- 과할 정도로 준비합니다.
- 말이나 생각이나 행동을 반복하는 식으로 나만의 특정한 의식을 행합니다.
- 몸과 마음이 편안해지는 데 도움이 되는 운동을 합니다.
- 특정한 사람을 피하거나(매우 큰 도움이 될 수 있답니다!) 특정한 대화를 피할 계획을 세웁니다.
- 새로운 곳에 가기 전에 지도를 보고 길을 알아 두거나, 그 장소에 미리 전화를 걸어 화장실 이나 편의시설이나 대중교통편 등을 확인합니다.

힘든 상황이 진행 중일 때 내가 사용하는 전략

- 다른 사람의 기분에 맞춥니다.
- 나의 호흡에 집중합니다.
- 빨리 말하거나, 손마디를 꺾거나, 다른 사람의 표정에 집중합니다.
- 올바른 방향으로 가고 있는지 또는 나의 노력을 스스로 비하하지는 않는지 확인합니다.
- 걸치고 있는 액세서리를 만지작거립니다.
- 기도문을 욉니다.

힘든 상황이 끝난 후 내가 사용하는 전략

- 다른 사람에게 피드백을 요청하는 등 안심하기 위해 주변 반응을 구합니다.
- 이 상황의 긍정적인 부분을 굳이 생각하지 않습니다.

- 일어났던 일을 계속 곱씹습니다.
- 폭식이나 구토나 지혜 등의 행동을 하며 잊으려 하거나 기분이 좋아지는 약물을 복용합니다.
- 나를 비난합니다.

위협적인 상황에 대처하기 위한 신체 전략은 나를 지키려는 의도와는 달리 실제로는 문제를 일으킬 가능성이 큽니다. 예를 들어, 호흡량의 증가는 싸우거나 도망치도록 준비하기 위한 신체 전략인데, 이는 사자가 쫓아오는 상황이라면 엄청나게 유용하겠지요! 하지만 발표하는 중이라면 도움이 되지 않을 거예요. '과호흡'은 어지럽고 체온이 오르고 피부가 붉어지고 몸이 떨리는 등의 증상을 유발하니까요. 물론 이것은 무의식적으로 일어나는 대처 전략입니다. 대개는 일부러 과호흡을 선택하지 않겠지만, 자신이 과호흡 상태라는 사실을 알아차리는 일은 큰 도움이 됩니다. 그러면 문제를 해결하기 위해 뭔가 할 수 있을 테니까요.

다음 활동은 (2단계에서 살펴본) 근심, 걱정, 두려움이 고개를 드는 상황에서 나는 어떤 대처 전략을 사용하는지 확인하는 데 집중합니다. 코너의 활동지를 살펴보세요. 코너는 파트타임으로 일하던 곳에서 교육을 받던 상황에 초점을 맞췄어요.

코너의 대처 전략 활동지

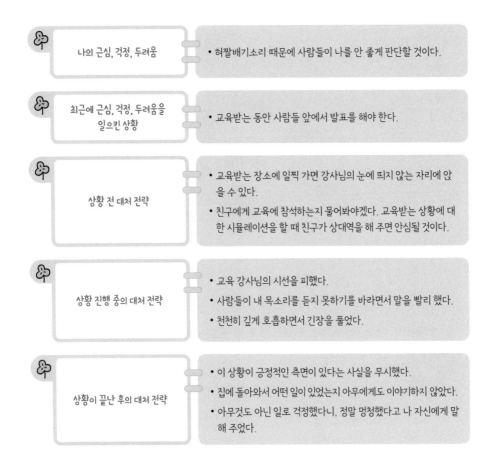

나의 근심, 걱정, 두려움	• 혀짤배기소리 때문에 사람들이 나를 안 좋게 판단할 것이다.
최근에 근심, 걱정, 두려움을 일으킨 상황	• 교육받는 동안 사람들 앞에서 발표를 해야 한다.
상황 전 대처 전략	• 교육받는 장소에 일찍 가면 강사님의 눈에 띄지 않는 자리에 앉을 수 있다. • 친구에게 교육에 참석하는지 물어봐야겠다. 교육받는 상황에 대한 시뮬레이션을 할 때 친구가 상대역을 해 주면 안심될 것이다.
상황 진행 중의 대처 전략	• 교육 강사님의 시선을 피했다. • 사람들이 내 목소리를 듣지 못하기를 바라면서 말을 빨리 했다. • 천천히 깊게 호흡하면서 긴장을 풀었다.
상황이 끝난 후의 대처 전략	• 이 상황이 긍정적인 측면이 있다는 사실을 무시했다. • 집에 돌아와서 어떤 일이 있었는지 아무에게도 이야기하지 않았다. • 아무것도 아닌 일로 걱정했다니, 정말 멍청했다고 나 자신에게 말해 주었다.

코너의 활동지를 참고해서 첫 번째 줄에 내가 생각했던 근심, 걱정, 두려움을 써보세요. 두 번째 줄에는 근심, 걱정, 두려움을 일으킨 상황을 적습니다. 세 번째, 네 번째, 다섯 번째 줄에는 상황이 일어나기 전, 상황 진행 중, 상황이 끝난 후의 대처 전략을 생각해 적어 보세요. 나는 무엇을 했나요? 또 무엇을 하지 않았나요?

근심, 걱정, 두려움이 고개를 들 때마다 이 과정을 반복하면 도움이 될 거예요.

나의 대처 전략

나의 근심, 걱정, 두려움	
최근에 근심, 걱정, 두려움을 일으킨 상황	
상황 전 대처 전략	
상황 진행 중의 대처 전략	
상황이 끝난 후의 대처 전략	

우리는 굉장히 복잡한 존재이기 때문에 선택하는 대처 전략도 엄청나게 많고 다양하답니다. 해마다 발견하는 기술 역시 대처 선략을 확장시켜 선택의 폭을 넓히고 있습니다. 나의 고고조할머니 할아버지는 길을 잃고 헤매지 않게 스마트폰 네비게이션을 켤 수 없었지요. 잠자리에 들기 전에 코드를 뽑았는지 두 번, 세 번 확인해야 할 '고데기'도 없었고요!

4단계. 내 대처 전략의 득과 실 살펴보기

우리는 모두 생물학적 특성을 바탕으로 다양한 인생 경험을 쌓아 가며 성장하는 존재라는 사실을 알았습니다(1단계). 그중 대다수는 우리가 선택한 것이 아니지요. 우리는 누구나 근심, 걱정, 두려움이 있으며(2단계), 거기에 더해 각자의 대처 전략(3단계)을 이용해 인생을 헤쳐 나간다는 사실을 알았어요. 이제 내가 사용하는 대처 전략의 득과 실을 따져야 할 차례입니다. 어떤 전략은 단기, 중기, 장기적으로 도움이 되는 것처럼 보이기도 해요. 반면 어떤 전략은 의도치 않은 문제를 불러일으킬 수도 있지요. 예를 들어, 코너가 사용한 시선을 피하는 전략은 당시에는 도움이 될지도 모릅니다. 질문을 피할 수도 있고 사람들 앞에서 발표하지 않아도 되니까요. 하지만 장기적으로 보자면 질문의 답을 알고 있을 때도 말할 기회를 얻지 못하겠지요. 결국 자신감을 키울 기회를 잃는 셈입니다. 다음의 몇 가지 예를 살펴보면서 대처 전략의 득과 실을 생각해 보세요.

- 시험을 앞두고 걱정될 때 공부하는 대신 외출하거나 시리즈 영화를 몰아 보거나 방 청소를 하는 식의 단기 대처 전략을 쓸 수 있어요. 이런 전략을 지나치게 사용하면 성적이 떨어질 가능성이 크지요.
- 뭔가 놓칠까 봐 두려운 마음에 모임이 있을 때마다 참석하겠다고 말한다면, 친구들과 어울리

며 즐거운 시간을 보내겠지만 어느 순간 지치고 피곤하고, 에너지나 돈이 부족해서 다른 것
을 할 여력이 없어질 수도 있어요!

● 번화가를 돌아다니다가 친구를 놓치면 어쩌나 걱정이 되어서 집을 나서기 전에 신경 써서 휴대
전화를 완전히 충전해 둘 수 있습니다. 친구의 휴대전화도 확인하고 말이지요. 그럴 법한 일이에
요. 하지만 걱정이 지나쳐서 계속 휴대전화 배터리 잔량을 확인하느라 집중하지 못한다면 어떨까
요? 친구에게 계속 휴대전화 배터리 잔량이 얼마인지 묻다가 친구가 짜증을 내면 어떡하지요?

● 성인이라면 긴장될 때 술을 한두 잔 마시면 도움이 될 수 있지만, 그런 상태로 다른 사람을
만난다면 함께 어울리며 소통하기 어려울 수도 있습니다. 게다가 장기적으로는 건강에 좋지
않겠지요.

4단계에서는 각 대처 전략의 득과 실을 따져 봅니다. 활동지를 완성하기 전에 코
너의 활동지를 살펴볼게요.

코너의 대처 전략의 득과 실 활동지

○ 나의 대처 전략이 주는 **이득**

• 시선을 피하면 질문을 받을 가능성이 적다.
• 나만의 안전지대에 머무를 수 있기 때문에 단
기적으로는 긴장을 덜 수 있다.
• 친구와 사전에 연습을 해 보면 스트레스를 덜
받는다.

○ 나의 대처 전략으로 **잃는 것**

• 실제로는 다른 사람들과 어울리고 싶은 마음
도 있는데 그러지 못한다.
• 내 지식을 드러낼 기회가 없어진다.
• 나 자신에게 짜증난다.
• 자신감을 얻지 못하고 장기적으로 볼 때 불안
도 심해진다.

내가 사용하는 대처 전략의 득과 실은 무엇인가요? 전 단계에서 적어 봤던 대처
전략 목록을 활용하면 도움이 됩니다.

나의 대처 전략의 득과 실

┌─────────────────────────────┐   ┌─────────────────────────────┐
│ ○ 나의 대처 전략이 주는 **이득** │   │ ○ 나의 대처 전략으로 **잃는 것** │
│   │   │   │
│   │   │   │
│   │   │   │
│   │   │   │
│   │   │   │
└─────────────────────────────┘   └─────────────────────────────┘

근심, 걱정, 두려움을 다루기 위해 어떤 시도를 하는지 인식하는 일은 중요합니다. 내 대처 전략이 단기적으로나 장기적으로 쓸모없었다는 걸 알았다 해도 나에게 친절하게 대하세요. 여러분은 지금까지 최선을 다해 왔어요. 다만 지금은 스스로에게 도움의 손길을 내밀어 변화를 만들어 내야 할 때입니다.

5단계. 도움이 될 만한 대처 전략을 찾기 위한 마인드맵 만들기

나의 근심, 걱정, 두려움과 대처 전략, 그에 따른 득과 실을 살펴봤으니 이제는 앞으로 어떻게 하는 것이 도움이 될지 생각해 볼 차례입니다. 마인드맵을 그려 보면 확인할 수 있답니다.

- 계속 사용하면 도움이 될 유용한 대처 전략
- 조심해서 사용해야 할 대처 전략

- 새로 시도해 보면 좋을 대처 전략

마인드맵을 그리는 순서와 코너의 대답을 살펴보세요. 마인드맵을 만드는 4단계를 읽고 나면 여러분이 채워야 하는 빈 마인드맵이 있을 거예요. 잘 풀리지 않는다면 54~55쪽에 있는 새로운 대처 전략의 예를 참고해도 좋아요.

마인드맵을 그리는 단계는 다음과 같습니다.

1. 내가 집중하고 있는 특정한 근심, 걱정, 두려움을 마인드맵 중앙의 원 안에 적습니다. 코너는 '사람들이 나에게 편견을 갖는다'라고 적었어요.

사람들이 나에게
편견을 갖는다

2. 내가 사용하는 대처 전략을 생각해 봅니다. 도움이 되었다면 앞으로도 계속 사용할 수도 있을 거예요. 중앙의 원과 연결해 선을 긋고 '현재'라는 단어를 적은 뒤 그 끝에 대처 전략을 적어 넣습니다. 내가 지금 사용 중인 전략을 확인할 수 있어요. 코너는 '혀짤배기소리는 내가 어떤 사람인지와 아무런 관계가 없다는 점을 기억하자'와 '천천히 말하고 마음을 편히 먹는 데 도움되는 기술을 사용하자'라고 적었어요.

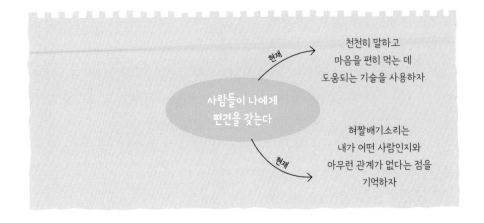

3. 이제 단기적으로는 도움이 되지만 장기적으로는 문제를 일으킬 가능성이 있는 대처 전략에 집중합니다. 중앙의 원에 선을 연결해 '주의'라는 단어를 적고 위험한 대처 전략을 적어 넣습니다. 코너는 '시선 피하기'라고 적었어요. 이 전략이 당시에는 도움이 된다고 생각했어요. 눈을 안 마주치면 질문을 피할 수 있기 때문이지요. 하지만 장기적으로는 자신이 아는 질문에도 대답할 기회를 잃고 자신감을 키우는 데 도움이 안 되니 주의해서 사용해야 할 전략이라는 점을 깨달았습니다!

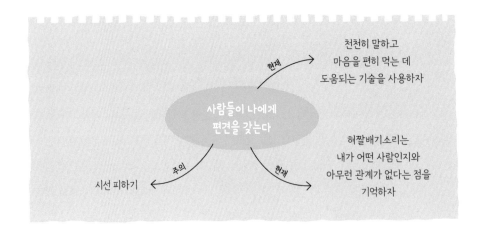

4. 마지막으로 (장기적으로) 도움이 될 새로운 대처 전략이나, 내가 단단하게 성장할 방법을 생각해 마인드맵에 추가합니다. 새 진략들을 연결한 선 위로 '새 전략'이라고 적고 그 끝에 내용을 써 넣으세요. 코너는 불안할 때 마음을 달래기 위해 개인적인 바람을 담아 '나는 지금 최선을 다하고 있다'라는 문장을 적었습니다. 그런 다음 함께 있을 때 편안한 사람들과 자신감 키우는 연습을 하면 좋겠다고 생각했지요. 코너는 '친구와 함께 연습하면 괜찮을 거다'라고 썼습니다. 또 자신을 좋아하고 판단하지 않는 사람들을 떠올리면 좋겠다고 생각해 '만나자는 사람들이 있는 것을 보면 나를 좋아하는 사람들도 있다는 사실을 떠올리자'고 썼어요. 무엇보다 자신을 부당하게 대하지 않겠다고 마음먹고 '나에게 친절해지자'라고 썼지요. 마지막으로 '사장님에게 말하자'라고 적었어요. 사장님은 말을 붙이기 어렵지 않은 분이고 파트타임 일 하는 곳에서 사용할 새로운 전략에 관해 도움이 될 만한 대화를 나눌 수 있겠다고 생각했지요.

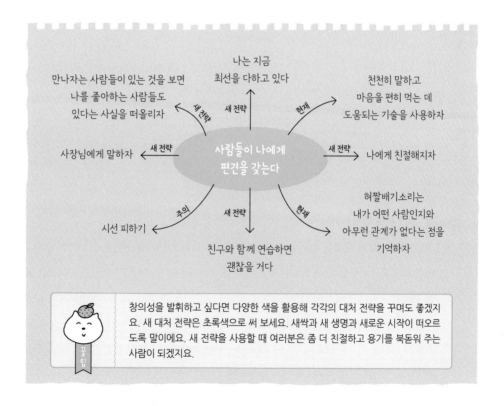

창의성을 발휘하고 싶다면 다양한 색을 활용해 각각의 대처 전략을 꾸며도 좋겠지요. 새 대처 전략은 초록색으로 써 보세요. 새싹과 새 생명과 새로운 시작이 떠오르도록 말이에요. 새 전략을 사용할 때 여러분은 좀 더 친절하고 용기를 북돋워 주는 사람이 되겠지요.

나의 대처 전략 마인드맵

새로운 대처 전략 탐색하기

● '완벽하게' 외모를 꾸미는 것은 누군가에게 거절당하거나 자신에게 편견을 가질지도 모른다는 두려움에서 비롯된 대처 전략일 수도 있어요. 외모를 꾸미는 대처 전략은 단기적으로 볼 때 자신감을 높이고 특정한 상황에서는 도움이 되기도 합니다. 하지만 장기적으로는 우리를 더욱 불안하게 하지요. 더 노력하지 않으면 다른 사람들에게 거부당하거나 편견을 갖게 할 거라는 생각을 키우는 행동이거든요. 외모가 전부는 아니라고 따뜻하게 안심시켜 주면서 같은 문제로 괴로워하는 친구에게 말해 주듯 나를 다독여 주는 건 어떨까요?

나에게 친절해지는 여정의 시작 1판

● 미래와 내 역할에 대한 걱정으로 회피 전략을 연이어 사용하는 경우도 있어요. 예를 들어, 게임이나 시리즈 드라마에 과몰입하거나 폭식, 음주, 과도한 운동이나 자해 행동을 습관적으로 하기도 합니다. 이런 전략은 잠시 우울감이나 불안한 감정을 잠재워 주지만 장기적으로는 중독에 빠지거나 새로운 기회를 놓치거나 우울감에 더 빠지게 하지요. 따라서 어떤 대처 전략이 도움이 되고 그렇지 않은지 잘 따져 보고, 어떤 전략을 적당히 사용하거나 주의해서 사용할지 잘 가려 내는 것이 중요해요. 새 대처 전략은 가족이나 친구에게 조금 더 마음을 여는 데에서 다듬어지기도 합니다. 다정한 마음을 갖고 내가 어떤 감정을 느끼는지 적어 본 후, 나와 같은 고민으로 힘든 친구가 있다면 뭐라고 말해 줄지 생각해 보는 것도 도움이 된답니다.

3, 4, 5단계를 완성한 다음에 다른 특정한 근심, 걱정, 두려움 중 한 가지를 골라 2단계에서 확인한 다른 대처 전략을 적용해 보면 도움이 될지도 몰라요. 지금 당장 해 보거나 나중에 해 봐도 좋아요. 어느새 큰 도움이 되는 마인드맵을 여러 개 갖게 될 거예요.

 인생은 계속해서 새로운 경험과 만만찮은 사건을 던져 주고 그에 대해 통찰을 하게 만들지요. (나이가 들어 주름이 자글자글 져도 끝나지 않아요.) 그럴 때마다 이번 장의 활동을 반복하면 도움이 될 거예요.

6단계. 모든 단계를 통합해 검토하기

이번 장에서 밟았던 단계들을 모두 모아 한 번에 확인하면 도움이 된답니다. 코너가 각 항목에 적어 넣은 내용을 살펴보고 57쪽의 '나 자신 이해하기' 활동지를 완성해 보세요.

코너의 나 자신 이해하기 활동지

1 단계

나의 생물학적 특성
혀짤배기소리를 한다.
남자다.
키가 별로 크지 않다.
운동을 잘한다.
주근깨가 있다.

나의 경험
누나에게 놀림당했다.
할머니 할아버지가 '구식'이다.
부모님이 다정하다.
전학 왔다.

2 단계

외부
사람들이 나에게 편견을 가질 것이다
(혀짤배기소리 때문에)
누구도 나와 친구가 되려고 하지 않을
거다.
나를 우습게 볼 것 같다.

근심, 걱정 두려움

내부
불안감을 감당하지 못할까 봐 두렵다.
의미 있는 관계를 맺지 못할 것 같아
걱정된다.
사람들과 어울려야 하는 상황에서 항상
힘들 것 같아 걱정된다.

3 단계

◎ 현재 사용하는 대처 전략

상황 전 : 약속 장소에 일찍 갔고, 편하게 지내는 사람과 함께 있었고,
혀짤배기소리는 내가 어떤 사람인지와 상관없다고 되뇌었다.
상황 중 : 눈길을 피하고, 작게 말하고, 의식적으로 호흡을 가다듬었다.
상황 후 : 긍정적인 면을 무시했고, 무슨 일이 있었는지 아무에게도 말하지 않았고, 자책하는 말을 했다.

4 단계

◎ 현재 대처 전략의 이점

눈길을 피하면 질문을 받을 가능성이 적다.
그때만큼은 나만의 안전지대에 머물 수 있
기 때문에 덜 긴장된다.

◎ 현재 대처 전략의 문제점

내가 원하는 만큼 다른 사람들과 어울리기
어렵다.
내가 아는 것을 나눌 기회가 사라진다.
나 자신에게 짜증이 난다.

5 단계

◎ 장기적으로 도움이 될 만한 새로운 전략

- 지금 나는 최선을 다하는 중이라고 스스로 다독인다.
- 친구랑 말하는 연습을 하고 사장님에게 고충을 말한다
- 누군가가 나에게 같이 놀자고 하는 건 나를 진짜 좋아해서라고 되뇌인다.
- 나 자신에게 좀 더 친절해지자.

1부 나에게 친절해지는 여정의 시작

나 자신 이해하기

1 단계

나의
생물학적
특성

나의
경험

2 단계

외부

근심, 걱정
두려움

내부

3 단계

◎ 현재 사용하는 대처 전략

상황 전 :

상황 중 :

상황 후 :

4 단계

◎ 현재 대처 전략의 이점

◎ 현재 대처 전략의 문제점

5 단계

◎ 장기적으로 도움이 될 만한 새로운 전략

"우리는 모두 다른 배를 타고 왔습니다. 하지만 지금은 같은 배를 타고 있습니다."

– 마틴 루터 킹

다른 사람을 이해하기

2장은 나를 이해하는 데 집중하고 있어요. 다른 사람을 이해하는 데에도 같은 기준을 사용해야 한답니다. 모두가 매우 비슷하다는 사실을 깨달으면 우리는 판단과 비판을 줄이고 다른 사람과 훨씬 깊은 연결감을 느끼게 됩니다.

우리의 대처 전략은 문화와 시대에 따라 변하지만 근심, 걱정, 두려움은 거의 변하지 않아요. 누구나 인정받고 받아들여지길 원하지요. 다른 사람이 나의 노력을 인정해 주고 보아 주길 바라는 욕구는 모두에게 있답니다.

내가 좋아하고 잘 아는 사람부터 시작합니다. 그 사람의 현재 모습을 만든 것은 무엇일까요? 그 사람의 생물학적 특성과 삶의 경험에 관해 생각해 보세요.

그 사람의 근심, 걱정, 두려움 중 아는 것이 있나요?

그 사람의 대처 전략은 무엇일지 생각해 보세요. 그 사람이 사용하는 대처 전략은 얼마나 도움이 될까요?

_____

_____

_____

좋아하는 사람을 골랐다면, 이 활동이 상대적으로 쉽게 느껴질 수 있어요. 이 활동을 통해 그 사람과 소통할 때 변화를 끌어낼 만한 아이디어를 떠올릴 수도 있겠지요. 힘든 관계를 맺고 있는 사람을 골랐다면 까다롭다고 느낄 수도 있어요. 어느 쪽이든 모두 강력한 효과를 지닌 활동이 될 테니 한번 시도해 볼 만하답니다.

다른 사람의 행동을 이해하는 일이 그 사람을 용서해야 한다는 뜻은 아니에요. 하지만 다른 사람의 행동(또는 행동하지 않는 것)을 개인적인 문제와 연관 지을 가능성이 줄어들겠지요. 중, 고등학교의 첫해를 떠올려 보세요. 많은 학생이 고개를 숙인 채 절박한 심정으로 끼어들 곳을 찾아 소속감을 느끼려 애쓰는 반면, 어떤 아이들은 자신이 '우두머리'나 '강자'라고 주장하기 위해 에너지를 쏟기도 합니다. 이렇게 다른 까닭은 각자 다른 대처 전략을 사용하기 때문이며, 이런 전략이 자신과 주변에 득이 되기도 하지만 잃는 것도 있다는 사실을 이해하면 도움이 될 거예요.

다들 비슷한 근심, 걱정, 두려움을 갖고 있다는 점을 기억하는 것도 도움이 됩니다. 누구나 신체의 건강 상태가 다르듯 정신 건강 상태도 다르며 자신이 선택하지 않은 문화, 가족, 나라에서 태어났다는 사실을 기억하세요.

이번 장도 끝에 다다랐어요. 여러분은 모든 단계를 마쳤습니다. 이제 여러분의 '친절 상자'에 추가할 만한 것을 찾아보세요.

나의 친절 상자

친절 상자에 무엇을 넣고 싶나요? 지금의 나를 있게 한 경험이나 지금의 역할을 맡기까지 특별한 무언가를 보여 주는 사진을 골라 넣어 보세요. 내가 만든 마인드맵이나 마인드맵 사진을 넣으면 어떨까요? 직접 완성한 활동지를 넣거나 그것을 스마트폰으로 찍어 보관하면 도움이 되지 않을까요? 그렇게 하면 언제든지 원할 때 지금까지의 여정을 떠올릴 수 있을 거예요.

3장

나의 가치관 지키기

여러분은 내가 어떤 음악을 즐겨 듣고 무슨 TV 프로그램을 좋아하고 어떤 게임을 즐기며 어떤 머리 모양이 어울리고 무슨 음식을 좋아하는지 (그리고 싫어하는지!) 잘 알 거예요. 그렇다면 내가 어떤 가치관을 따르고 있는지는 알고 있나요? 우리의 가치관은 삶의 방향을 안내하고, 인생에 목적과 의미를 부여하며, 건강한 삶에 영향을 미칩니다. 그런데도 우리는 대부분 내 가치관이 무엇인지 잘 모르지요. 가치관은 사람마다 다르고 살아가는 동안 어떤 경험을 하느냐에 따라 바뀌기도 합니다. 가치관이 '실행'되면, 삶의 질도 향상되지만, 가치관이 자신이나 다른 사람들로 인해 손상되거나 제대로 실행되지 못하면 문제가 생기기도 해요.

이번 장에서 우리는

- 나의 가치관을 살펴볼 거예요.
- 나의 가치관을 실행할 방법들을 생각해 볼 거예요.
- 나의 가치관에 방해될 만한 것을 생각해 볼 거예요.
- 나무 이미지를 만들어서 가치관을 정리해 볼 거예요.
- 친절 상자에 무엇을 넣을지 생각해 보아요.

나의 가치관과 나

2장에서 우리는 생물학적 특성과 인생 경험이 나에게 어떤 영향을 주었는지 알아봤습니다. 나라는 존재를 이루는 대부분은 내가 선택한 것이 아닙니다. 내가 어느 나라에서 어떤 가족에게서 태어날지, 어떤 피부색과 머리색을 가지고 태어날지 선택하지 않았지요. 다행히도 점차 나에 대해 잘 알고 독립성이 커지면서 의식적으로 나를 돌보고 건강한 삶에 신경을 씁니다. 또한 도움이 되는 (때로는 불안감을 자극하는) 것을 선택하기도 합니다. 예컨대, 평생의 습관을 고치고 용기를 내 사람들 앞에서 발표를 하거나 과감한 머리 모양에 도전할 수도 있지요!

지금까지 해 온 작업을 바탕으로 이제 평생의 나침반으로 삼을 만한 가치관을 생각해 볼 차례입니다. 먼저 나의 가치관 몇 가지를 확인해 볼게요. 이번 장에서는 로빈의 이야기를 함께 나눌 거예요. 로빈의 사례를 참고해 보세요.

가치관 확인하기

우리가 품는 가치관은 말 그대로 수백 가지예요. 『행복의 함정』에서 러스 해리스는 가장 일반적인 가치관 몇 가지를 설명합니다. 저자의 허락을 받고 여기에 소개해 볼게요. 그 가치관을 표지판 삼아 활동을 이어 가도록 해요.

 가치관 목록을 읽어 보고 먼저 마음이 가는 것 옆에 표시를 하세요. 중요하다고 생각되는 가치관이 있는데 목록에 없다면 빈 곳에 적어 넣으세요. 인생에 가장 큰 의미를 주는 가치관 5~6가지로 개수를 줄이는 편이 가장 좋답니다.

가치관 목록을 살펴볼게요.

가치관	내가 꼽은 6개
개방성 : 무언가를 충분히 생각하고, 타인의 관점에서 바라보고, 정황이나 증거를 공정하게 다룹니다.	
건강 : 신체 건강을 유지하거나 개선하기 위해 노력합니다. 정신 건강과 체력을 길러 삶의 질을 높이기 위해 애씁니다.	
공정성 : 나와 다른 사람을 공평하게 대합니다.	
관용 : 나와 다른 사람을 넓은 마음으로 대하면서 나누고 베풉니다.	
근면 : 성실하고 열심히 하는 일에 전념합니다.	
끈기 : 문제가 생기고 어려움을 겪더라도 단호히 계속해 나갑니다.	
도전 정신 : 나의 성장, 배움, 발전을 위해 끊임없이 도전합니다.	
독립심 : 스스로를 돌보고 내가 무엇을 어떻게 할지 선택합니다.	
모험심 : 모험을 즐깁니다. 적극적으로 신기하거나 자극적인 경험을 추구하거나, 창조하거나, 탐험합니다.	
배려 : 나와 다른 사람과 환경에 관심을 두고 돌봅니다.	
사랑 : 나 또는 다른 사람을 아끼고 소중히 대합니다.	
성적 지향 : 나의 성적 기호성을 표현합니다.	
신뢰 : 믿음직합니다. 충성스럽고 신의 있으며 진실합니다.	
안전 : 나와 다른 사람의 안전을 보장하거나 지키고 보안을 유지합니다.	
연결감 : 무엇을 하든 완전히 몰입하고 다른 사람과 진심으로 교류합니다.	
연민 : (다른 사람이나 자신의) 고통에 민감하게 반응합니다. 고통을 막거나 완화하는 데 열정을 쏟습니다.	
영성 : 나보다 훨씬 큰 존재와 관계를 맺습니다.	
용기 : 겁내지 않고 힘을 냅니다. 두려움이나 위협이나 어려움 앞에서 씩씩하게 버팁니다.	
우정 : 다른 사람을 열린 마음으로 다정하고 친근하게 대합니다.	
유머 : 삶의 익살스러운 부분을 알아보고 즐깁니다.	
자기 계발 : 계속 성장하고 발전하고 지식이나 기술이나 성품이나 삶의 경험 등을 개선해 나갑니다.	

자기 돌봄 : 나의 삶을 건강하게 돌보고 욕구를 충족합니다.	
자유 : 자유롭게 살아갑니다. 어떻게 살고 행동할지 스스로 선택하거나 다른 사람이 그렇게 할 수 있도록 돕습니다.	
정의 : 올바르고 공평한 도리를 지킵니다.	
정직 : 나와 다른 사람을 진실하고 정직하고 진심 어린 태도로 대합니다.	
존중 : 나와 다른 사람을 공손하게 대합니다. 예의 바르고 사려 깊으며 긍정적인 태도를 보입니다.	
즐거움 : 재미를 추구합니다. 즐거운 활동을 찾고, 만들어내고, 참여합니다.	
진정성 : 나에게 참되고 진실하고 솔직하고자 노력합니다.	
창의성 : 창조적이고 획기적인 생각을 합니다.	
친밀함 : (정서적으로나 신체적으로) 가까운 관계에서 마음을 열고 나를 드러내고 마음을 나눕니다.	
친절 : 나 또는 다른 사람에게 관심을 두고 배려하고 보살피고 친절히 대합니다.	
평등 : 다른 사람을 나에게 하듯 대합니다.	
헌신 : 나와 다른 사람의 긍정적인 변화를 돕거나 힘을 보탭니다.	
협동 : 다른 사람들과 협력하거나 마음을 모아 함께 일합니다.	
흥미 : 신나거나 자극적이거나 감정이 끓어오르는 활동을 추구하거나 만들어 내 참여합니다.	

내가 꼽은 가치관 여섯 가지는

1. _____

2. _____

3. _____

4. _____

5. _____

6. _____

1부 나에게 친절해지는 여정의 시작

가치관을 5~6가지로 줄이는 일은 쉬웠나요, 어려웠나요? 저항감이 들었거나 4가지 혹은 7가지를 꼽았을지도 모르겠어요! 선택한 가치관 중 나를 놀라게 한 것이 있나요? 목록에는 들지 않았지만 생각나는 가치관이 있나요? 내가 꼽은 가치관을 어떻게 생각하나요?

- 가치관은 내가 얻거나 성취하려는 것이라기보다 내 삶에 의미를 주는 것입니다.
- 그래야 한다고 믿기 때문에 특정한 가치관을 고르고 싶을 수도 있지만, 그 가치관이 나의 인생을 의미 있게 만들어 주지 못할 수도 있어요.
- 나무가 주어진 환경에 적응하고 싹을 틔우듯, 가치관은 시간이 지나면서 변할 수 있습니다.

로빈의 이야기를 살펴볼게요.

로빈은 연결감, 즐거움, 건강, 자기 계발, 창의성, 도전 정신을 중요한 가치관으로 골랐습니다. 그러자 지난 몇 달을 공부만 하면서 보내느라 가치관과 일치하는 활동을 할 시간이 없었다는 사실을 알게 되었습니다. 그동안 기분이 좋지 않았던 이유는 그 때문이었지요.

나의 가치관 '실행'하기

가치관과 일치하는 활동을 할 때 가치관을 '실행' 또는 '구현'한다고 말합니다. 내가 개방성을 중요하게 생각한다면, 마음을 열고 양쪽의 의견을 주의 깊게 들으면서 조율할 수 있으니 토론을 잘할 수 있을 거예요. 개방성은 토론 중에만 '실행'되는 것이 아닙니다. 토론할지 말지를 결정하는 데 지침이 되거나, 토론을 마친 뒤에도 영향을 끼쳐 상대방에게서 들은 내용을 곰곰이 생각할 수도 있습니다. 나의 가치관이 생활에서 잘 '실행'되고 있는지 (또는 되었는지) 살펴보기 전에, 로빈이 꼽은 가치관 목록을 살펴볼게요.

로빈은 가치관을 왼쪽 칸에 적어 넣었습니다. 그런 다음 '실행'하기에 적당한 활동을 고민했어요. 어떤 활동은 한 번 이상 등장하기도 했어요. 예를 들면, 가족과의 밤은 두 번 등장했는데, (로빈의 반려견) 써니는 여러 번 등장했지요!

로빈의 가치관 실행

가치관	가치관을 '실행'할 활동
연결감	친한 친구들과 시간 보내기, 가족과의 밤, 케빈과 영상통화, 써니와 소파에 누워 있기, 바다에 가기
즐거움	수영, 파티, 휴가, 써니와 놀기, 가족과의 밤, 게임방에 가기, 놀이공원에 놀러 가기
자기 계발	『나에게 친절해지는 연습』 읽기, 스페인어 배우기
건강	써니와 산책하거나 달리기, 수영, 댄스 수업 듣기, 공원에서 달리기
창의성	그림 그리기, 악기 연주, 안무 동작 짜기
도전 정신	공모전에 도전하기, 서핑 배우기, 자선 단체 모금 행사 참여하기, 써니 훈련시키기

생각해 봐요

나의 가치관을 하나하나 적고, 어떻게 실행할지 기록합니다.

work sheet **나의 가치관 실행**

가치관	가치관을 '실행'할 활동

가치관이 건강한 삶에 미치는 영향

가치관을 중심 삼아 인생을 살아간다면 내 삶의 질은 크게 향상될 거예요. 내 가치관이 스스로에게 또는 다른 사람에게 무시당하거나, 제대로 드러내지 못한다면 내 삶의 질은 엉망이 되어 고통을 겪겠지요. 이제 가치관이 나에게 어떤 영향을 미치는지 살펴볼게요.

이전 페이지에서 적은 가치관을 실행할 수 있는 활동들을 살펴보세요. 각 가치관은 나에게 각기 다른 영향을 미칩니다. 가령 친구와 수영하러 가는 일과 새를 관찰하는 일은 모두 가치관을 실행하는 활동이고 두 가지를 모두 좋아할 수 있지만, 각각의 활동에서 경험하는 바는 다를 거예요. 가치관을 실행하는 활동이 나의 건강한 삶에 미치는 영향을 종합해 정리해 보면 어떨까요?

로빈은 이렇게 썼어요.

가치관을 실행할 때 내 삶의 의미가 훨씬 깊어진다.
내가 소중하게 여기는 가치관을 잘 기억하면서
한 주의 핵심으로 삼으면 도움이 된다.

나의 가치관을 생각해 보고 가치관을 실행하기 어려웠던 때가 언제였는지 떠올려 보세요. 그런 상황은 나에게 어떤 영향을 미쳤나요? 내 삶에 어떤 영향을 주었나요?

_____

_____

_____

_____

_____

로빈은 이렇게 썼어요.

게임을 오래 하면 잠깐은 즐겁지만 끝나고 나면 기분이 썩 좋지 않다.
운동도 빠지고 친구들과의 약속도 놓치고 창의력도 바닥을 칠 것이다!
게임을 너무 많이 하면 내 몸과 마음의 건강에도 썩 좋지 않을 거다.

가치관을 실행하기 어려워질 때

삶의 질과 가치관이 서로 연결되었다는 점을 이해하는 일은 나에게 친절해지는데 있어 아주 중요한 단계입니다. 내가 스트레스 받거나 우울하거나 불안한 이유를 알면 자책할 가능성이 적어지지요. 가치관을 실행하는 데 방해물이 될 만한 것들을 알게 되면 어떻게 바꾸면 좋을지 생각해 볼 수 있어요. 어떤 방해물들은 상대적으로 넘어서기 쉽지만 어떤 것들은 다루기 까다롭습니다. 가치관이 어떻게 방해받는지 표를 참고해 보세요.

내 힘으로 어쩌지 못하는 상황에 처했을 때는 가치관을 드러내거나 따를 수 없어서 삶의 질이 곤두박질치기도 합니다. 그런 상황의 예를 몇 가지 살펴볼게요.

- **독립성**은 단체 활동이나 팀 프로젝트를 해야 하는 상황이라면 제대로 발휘되기 어려울 거예요.
- 소속된 동아리가 **유머**를 무시하는 분위기라면 마음과는 달리 진지한 모습으로 지내야 하겠지요.
- **협동심**을 중요하게 생각한다면 팀워크를 즐기겠지만 경쟁이 치열한 조직에서는 행복을 느끼기 힘들 수 있어요.
- 통증 같은 건강상 어려움이 있다면 운동 프로그램을 **끈기** 있게 해내기 어렵습니다.
- 수면 문제는 **근면성**에 영향을 끼칠 거예요.
- 걱정과 불안에 시달린다면 **모험심**이나 **친밀함**이 방해받겠지요.
- 강한 충동성과 중독과 강박은 다른 사람과의 관계에서 느끼는 **연결감**을 방해할 수 있습니다.

방해물이 가치관에 따라 살아가는 데 지장을 준다면 다음 활동을 살펴보고 71쪽의 활동지를 완성해 보세요.

활동지에 가치관을 적어 넣은 다음 방해가 될 만한 것이 있는지 잘 생각해 봅니다. 가령 창의성은 곧 있을 시험 때문에 방해받을 수 있어요. 또는 자선 하프 마라톤 대회 4주 전에 부상을 입으면 도전 정신이라는 가치관 실행에 지장을 받겠지요. 가치관을 실행하기 위해 어떤 선택을 하면 좋을지 생각해 보세요. 예컨대, 한눈에 들어오는 마인드맵을 만들면서 시험공부를 하면 창의력을 실행할 수 있습니다. 또 직접 뛰지 못하더라도 마라톤에 참가하는 친구를 위해 자선기금 마련을 독려하는 일은 도전 정신을 실행할 좋은 방법이 될 거예요.

나의 가치관, 방해물, 대안

가치관	방해물	대안

나의 가치관을 (시각적으로) 삶의 중심에 두기

사진, 포스터, 비전 보드를 활용하면 창의성을 발휘해 나의 감정을 표현할 수 있어요. 중요한 것을 기억하고 기발한 생각을 떠올리는 데도 도움이 되고 동기 부여에도 좋답니다. 또 삶의 순간을 담을 수도 있고 미래에 대한 시각을 열어 주기도 하지요. 나를 인식하고 인정하고 이해하는 데 초점을 맞춘 시각적 이미지를 만들면 나만의 고유한 특징인 정체성을 다양한 방면에서 확인할 수 있습니다.

이제 인생 나무를 만들 거예요. 인생 나무는 나의 가치관을 있어야 할 자리 즉, 삶의 중심에 두는 시각적 이미지입니다. 나무는 나만의 독특한 생물학적 특성, 인생 경험, 실행 중인 가치관을 담습니다.

생물학적 특성을 나무의 뿌리로, 경험(양육 환경)을 나무가 섭취해 나의 일부로 만드는 양분으로, 가치관을 몸통이나 밑동(줄기는 젊은 시절, 밑동은 노년)으로 생각하면 좋아요. 가치관이 어디로 어떻게 자랄지는 내가 정할 수 있습니다. 몸통이나 밑동이 나무의 윗부분(가지와 잎 등 모든 것)과 연결되고 받쳐 주듯, 가치관은 성장에 중요하고 도움이 되는 것과 나를 연결해 줍니다.

75쪽의 나무 그림을 이용해 다음 활동을 이어 갑니다. 그 전에 로빈이 채워 넣은 나무 그림을 참고하세요. 사진, (공연 티켓 같은) 기념품, (사람이나 활동을 떠올리게 해 줄) 자료, 카드 등을 붙일 공간이 더 필요하다면 큰 종이에 직접 나무 그림을 그려도 좋아요. 로빈은 종이 대신 폼보드라고 부르는 스티로폼 패널을 사용해 나무를 만들고 핀으로 사진과 카드와 기념품을 고정했어요. 로빈의 가치관 중 창의성이 있다는 점을 생각하면 놀랄 것도 없지요. 창의성이 나의 가치관에 포함되었는지와는 상관없이 이번 활동은 내가 얼마나 상상력이 풍부한지 확인하는 데 도움이 될 거예요. 나의 나무에 활기를 불어넣어 보세요!

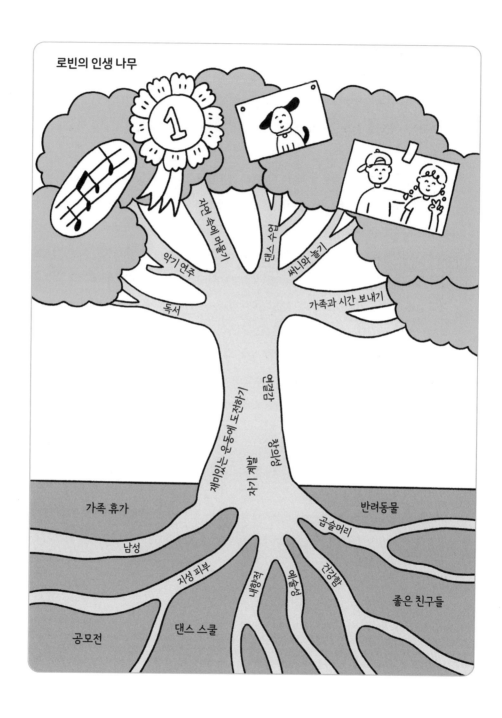

로빈의 인생 나무

나의 인생 나무를 만들기 위한 4단계

1. 2장을 참고해서 나의 생물학적 특성과 경험의 핵심을 이루는 여러 측면을 떠올려 보세요. 나무 뿌리에는 나의 생물학적 특성과 관련된 단어를 적고 양분이 되는 토양에는 나의 인생 경험을 대표하는 단어를 적습니다. 각기 다른 요인들을 표현하기 위해 다양한 색깔을 사용해도 좋아요.

2. 이제 가치관을 몸통이나 밑동에 적습니다. 이때 세로로 쓰면 도움이 됩니다. 그러면 밑동이 뿌리와 줄기 윗부분을 연결해 주듯 나의 가치관이 생물학적 특성과 경험을 삶에 의미를 주는 활동과 연결해 준다는 사실을 시각적으로 확인할 수 있지요.

3. 이제 가지 차례입니다. 나의 가치관이 실행되는 현재를 보여 줄 만한 이미지와 단어로 가지를 꾸며 보세요. 이번 장 앞부분에서 정리했던 활동을 다시 살펴보면 도움이 될 거예요. 여기에 나의 삶에 의미를 더하는 일반적인 활동들을 나타내는 그림과 단어를 추가합니다.

4. 마지막으로 나의 가치관을 떠올리게 해 주는 것들이 나뭇잎에 자리 잡을 거예요. 나의 가치관을 실행하도록 격려해 주거나 상기하도록 도와주는 것이 있나요? 앞으로 하고 싶은 것이 있나요? 있다면 글이나 이미지에 나의 생각을 담아 내 보세요.

나의 인생 나무

 생각해 봐요   지금까지의 인생 여정과 가치관에 초점을 맞춘 나무를 만들어 본 느낌이 어떤가요?

　가치관은 인생의 방향과 삶의 방식을 안내해 줍니다. 우리는 겉으로 보기에 중요한 일에 급급해 진짜 중요한 것을 놓치는 경우가 허다하지요. 하지만 중요하게 생각하는 가치에서 멀어지고 있다는 사실을 깨달으면 다시 방향을 조정할 수 있답니다! 정기적으로 나의 가치관을 떠올려 되새기면 도움이 됩니다.

　이번 장에서는 나의 가치관에 관심을 두고 나에게 무엇이 중요한지 생각해 봤습니다. 다음 장으로 넘어가기 전에 유용하다고 생각한 것과 친절 상자에 넣고 싶은 것을 잘 생각해 보세요. 내 가치관을 떠올리는 데 도움이 되는 것이라면 좋겠지요.

나의 친절 상자

중요한 관계를 떠올리게 해 줄 카드나 나에게 선물할 꽃을 살 돈을 넣는 것은 어떨까요? 영적이거나 자연 세계의 아름다움을 떠올리게 해 줄 사진을 넣으면 어떨까요? 가치관을 제대로 실행하지 못하거나 가치관 실행이 우선순위에서 밀릴 경우 나에게 해 줄 친절한 말을 적어 보관하는 건 어떤가요? 마지막으로 인생 나무 사진이나 복사본을 넣으면 어떨까요? 어쩌면 나의 인생 나무는 벽에 걸려 자랑스럽게 햇빛을 받는 것을 좋아할지도 모르겠네요.

2부에서는 건강한 삶을 실현하는 데 매우 중요한 기술을 소개합니다. 이 책을 읽어 나가는 동안 유용하게 쓰일 핵심 요소도 포함되어 있어요. 다양한 활동은 번잡한 마음을 가라앉혀 주고 걱정을 덜도록 도와줄 거예요. 또 마음이 편안하고 평화롭고 차분해지는 가상의 장소를 만들 거랍니다! 정말 멋지지 않나요? 여러분이 익힐 기술은 다음과 같아요.

• 주의 집중
• 마음챙김
• 심상화

2부

차근차근
나의 일상
구성하기

4장
긍정적인 에너지를 얻는 주의력 키우기

"좋은 쪽으로 생각해" "긍정적인 면을 봐" "부정적인 것에 연연하지 말자" 등의 말을 들어 봤을 거예요. 누군가 좋은 의도로 해 준 조언일 수도 있고 내 스스로에게 한 말일 수도 있어요. 그 말에 여러분은 "말은 쉽지"라고 생각한 적 있나요? 실제로 훈련을 통해서 우리 마음을 부정적인 쪽에서 중립적이거나 긍정적인 쪽으로 쉽게 돌릴 수 있어요.

이번 장에서는 주의력의 힘을 새롭게 조명하고 주의력이 우리에게 미치는 영향을 알아볼 거예요. 그런 다음 우리의 주의를 유용한 것들로 돌려서 행복해질 수 있는 방법을 살펴볼게요. 이 기술은 마음챙김과 시각적 이미지를 만드는 심상화 기법을 익히는 데 튼튼한 기초가 되어 준답니다. 마음챙김과 심상화는 뒷부분에서 살펴볼 거예요.

> 이번 장에서 우리는
> - 주의 집중의 막강한 힘을 경험할 거예요.
> - 몸의 각 부분과 기억과 소리에 주의를 집중할 거예요.
> - 주의 집중이 어떤 면에서 도움이 되는지 생각해 볼 거예요.
> - 흐트러진 주의를 다시 집중하기 위해 알람을 이용할 거예요.
> - 친절 상자에 무엇을 넣을지 생각해 보아요.

주의 집중 훈련 맛보기

주의를 기울이는 일은 스포트라이트를 비추는 것과 같습니다. 중요한 것에 온 신경을 집중하면 그 밖의 것들은 그림자 속으로 숨어 버리지요. 주의를 집중하는 데 무엇이 도움이 되는지 찾아내는 것과 주의 집중 훈련은 나의 삶에 긍정적인 영향을 미쳐 행복감을 끌어올릴 거예요.

 집중하던 대상을 바꿔 주의를 다른 곳으로 돌리면 어떤지 시험 삼아 한번 시도해 보세요. 이것이 주의력 훈련의 시작이랍니다. 여러분에게 큰 도움이 될 거예요.

손에서 발로 주의 이동하기

편안히 앉아서 각 단계를 약 30초씩 진행합니다. 눈을 감고 싶다면 그렇게 해도 좋아요. 눈을 뜨고 해 본 다음 다시 눈을 감고 해 본 뒤 시각 자극이 줄어들면(눈을 감으면) 집중이 더 잘 되는지 생각해 보세요.

1. 왼쪽 발의 감각에 주의를 기울입니다. 발가락과 발바닥, 발이 신발이나 땅바닥과 닿은 부분에 집중합니다.
2. 이번에는 오른쪽 발에 주의를 기울이고 1번과 같이 반복합니다.
3. 오른손 손가락 끝에 주의를 기울입니다. 손끝의 감각을 느껴 보세요.
4. 손끝을 엄지에 문지릅니다. 문지를 때의 감각을 느껴 보세요.
5. 왼손으로 3단계와 4단계를 반복합니다.

내가 앉아 있는 의자와 머무는 방으로 가만히 주의를 넓힙니다. 눈을 감고 있다면 뜹니다. 시선을 정면으로 향합니다. 천천히 호흡하면서 스트레칭한 다음 이번 훈련으로 알게 된 것을 기록합니다.

생각해 봐요   손과 발에 주의를 기울일 때 무엇을 느꼈나요?

_____

_____

_____

> 메이슨은 몸의 각 부분에 주의를 집중하자 감각이 예민해지는 걸 느꼈습니다.
> 알렉스는 다른 신체의 감각이 현실적이지 않은 느낌이 들었지요. 카터는 손끝을 엄지에 대고 비비자 손끝이 얼얼해지는 느낌이었고 말리아는 주의를 옮기는 것이 비교적 쉽고 편안하다고 생각했어요.

흥미롭지 않나요? 우리는 의식적으로 주의를 원하는 곳으로 옮길 수 있답니다. 우리가 특정 신체 부위에 집중하면 그 부위에서 색다른 감각이 느껴지기도 합니다. 이제 다른 활동을 통해 각각 다른 기억에 주의를 기울이면 신체와 생각과 감정이 어떤 식으로 영향을 받는지 살펴볼게요.

기억을 이용해 주의 집중하기

소리 내서 웃던 때를 떠올려 봅니다. 가족이나 친구와 함께였을 수도 있고 텔레비전 프로그램이나 영화를 보는 중이었을 수도 있어요. 약 30초 정도 그 기억을 떠올리며 당시 기분에 젖어 보세요.

무엇을 경험했나요? 행복한 기억에 주의를 집중하자 내 신체와 생각과 감정은 어떤 영향을 받았나요?

_____

_____

_____

메이슨은 반려견 로지, 랄프와 함께 공놀이 하던 때를 생각했어요.
즐거운 기억이 밝고 행복한 감정을 불러일으킨다는 사실을 깨달았지요.

이제 기억을 내려 두고 호흡에 집중합니다. 천천히 느긋한 기분을 느껴 보세요. 주변에서 나는 소리에 잠시 집중해도 좋습니다.

최근 힘들었던 상황을 떠올리고 그 기억에 집중합니다. 힘든 감정이 휘몰아치지 않을 정도의, 잠깐 떠올릴 수 있을 만한 기억이면 좋습니다. 약간 불안했거나(가령 발표를 앞뒀을 때처럼), 화가 났거나(친구랑 의견 충돌이 있었을 때), 슬펐던(친구가 메시지에 답을 하지 않아서 실망했을 때) 상황 등일 수 있어요. 30초 정도 그때 기억을 떠올려 봅니다.

무엇을 경험했나요? 힘들었던 기억에 주의를 기울이자 신체, 생각, 감정은 어떤 영향을 받았나요?

_____

_____

_____

알렉스는 학교에서의 마지막 날을 떠올리자 살짝 슬퍼졌습니다.
당시 알렉스는 '친구들이 계속 나에게 연락했으면 좋겠어'라고 생각했지요.

이제 떠올렸던 기억을 접어 두고 호흡에 집중합니다. 천천히 느긋한 기분을 느껴보세요. 주변에서 나는 소리에 잠시 집중해도 좋습니다.

 마지막으로, 최근에 즐거웠던 기억을 떠올리고 주의를 집중합니다. 혼자 혹은 가족이나 친구와 시간을 보냈을 때도 괜찮겠지요. 약 30초가량 그때의 기억을 떠올려 봅니다.

 무엇을 경험했나요? 즐거운 기억에 주의를 기울이자 신체, 생각, 감정은 어떤 영향을 받았나요?

_____

_____

카터는 크리스마스 파티를 떠올리고 무대에서 춤 솜씨를 뽐냈던 기억에 미소 지었습니다. 즐거웠던 시간을 떠올리자 몸에 활기가 차오르는 기분이었습니다.

의도적으로 다른 상황을 떠올릴 때 각각 다른 감정과 다른 신체 감각을 경험했을 거예요. 그 경험은 다양한 생각과 표정을 자아낸다는 점도 알아차렸겠지요. 예컨대, 소리 내 웃던 때를 골랐다면 그때의 기억을 떠올리는 것만으로도 얼굴에 웃음이 번지거나 소리 내 웃게 되지요. 이런 반응은 건강한 삶에 중요한 의미를 지닙니다. 우리는 행복에 도움되는 것을 택해 주의를 기울일 수도 있고, 힘들 때는 주의를 다른 곳으로 돌릴 수 있다는 뜻이기 때문입니다.

마지막으로 각각 다른 소리에 주의를 기울이는 연습을 해 볼 차례입니다. 여러 악기로 연주하는 곡을 준비하세요. 자연 속에 머물거나 집에 있을 때 소리를 구분해서 듣는 식으로 훈련의 폭을 넓혀도 좋습니다. 이 활동은 아주 좋은 시작점이 되어 줄 거예요.

소리에 주의 집중하기

방해받지 않고 10분가량 머물 수 있는 장소로 갑니다. 음악에 집중할 수 있는 곳이면 좋습니다. 가사가 있으면 신경 쓰이기 때문에 연주곡을 선호하는 사람도 있을 거예요. 이 활동에서는 가사가 있는 곡이나 연주곡 어느 것이나 괜찮습니다. 어느 쪽이 나에게 맞는지 확인해 보세요.

음악에 귀 기울이기

1. 준비되었다면 허리를 펴고 편안한 자세로 앉아서 눈을 감거나 액자 밑면, 바닥의 점 같은 곳을 정해 시선을 고정합니다. 천천히 숨을 들이마셨다가 내쉬는 감각에 주의를 집중하세요.

2. 준비되면 음악의 리듬에 초점을 맞춥니다. 집중이 쉽지 않다면 판단하거나 평가하려는 마음을 버리고 음악에 온전히 주의를 기울여 봅니다.

3. 1분 정도 특정 악기(기타 소리나 드럼의 박자)에 주의를 집중합니다.

4. 음악의 속도에 주의를 기울이면서 소리가 얼마나 큰지 또는 부드러운지 집중해 봅니다.

5. 듣는 음악에 목소리가 담겼다면 노랫소리에 주의를 기울이면서 가수의 목소리 톤과 가사에 집중합니다.

6. 음악을 들으면서 어떤 감정이 느껴지는지 관심을 가져 봅니다. 차분한가요, 편안한가요, 슬픈 가요, 어떤 욕구를 불러일으키나요, 활기찬 기분이 드나요, 평화로운 기분이 드나요?

7. 이제 호흡과 심장 박동 수에 주의를 기울입니다. 60초가량 뒤에 몸으로 주의를 옮겨 현재 무언가를 느끼고 있는 신체 감각에 초점을 맞춥니다.

내가 앉아 있는 의자와 머무는 방으로 가만히 주의를 넓힙니다. 눈을 감고 있다면 떠 보세요. 시선을 정면으로 향합니다. 천천히 호흡하면서 스트레칭하고 나서 이번 훈련으로 알게 된 것을 기록합니다.

음악을 들을 때 기분이 어땠나요? 음악을 구성하는 다양한 부분에 주의를 기울이면서 무엇을 알게 되었나요?

_____

_____

_____

말리아는 각각의 악기에 주의를 기울이는 일이 쉽다는 사실을 깨달았어요.
음악을 들으면 춤을 추고 싶어진다는 사실도 알았지요.

주의 강탈자들!

우리는 누구나 잠재적인 위험에 주의를 빼앗깁니다. 그래야 우리를 향해 달려오는 자동차나 상한 우유의 고약한 냄새, 피부가 까졌을 때의 고통을 감지하고 피할 테니까요. 이런 생존 전략은 우리 조상에게 매우 중요했어요. 오늘날을 살아가는 우리에게도 여전히 중요하지요.

우리가 긍정적인 것보다 위협적인 것에 반사적으로 주의를 기울인다는 사실은 많은 연구에서 드러났습니다. 화면에 웃는 얼굴 99개와 찡그린 얼굴 1개를 띄운 실험에서 연구자들은 실험 참가자들의 눈동자 움직임을 추적해서 사람들이 부정적인 것, 즉 찡그린 얼굴을 빨리 찾아낸다는 사실을 발견했지요. 웃는 얼굴과 찡그린 얼굴의 개수를 바꿔서 웃는 얼굴을 찾을 때보다 훨씬 빨랐답니다. 우리 마음은 위협적이고 부정적이라고 생각하는 것에 본능적으로 집중한다니, 흥미롭지 않나요?

우리 주의는 변화에도 민감해요. 예를 들어, 책상 위를 특정한 방식으로 정리하는 데 익숙하다면 평소에 없던 물건이 놓여 있거나 뭔가 사라졌을 때(좋지 않은 상황이겠지요) 주의가 쏠릴 거예요. 주의를 사로잡는 것은 크게 내부와 외부 두 가지 범주로 나눌 수 있어요. 신체 감각, 마음속 이미지, 생각, 감정은 우리 내면에서 생기는 것으로 '내적 주의 강탈자'라고 부릅니다. 반대로 소음, 냄새, 표정, 야생 동물 등은 우리 외면에 있기 때문에 '외적 주의 강탈자'라고 부릅니다.

이번 상에서 연습을 통해 확인했듯이 나의 정신은 어떤 주의 강탈자에게 사로잡혔을 수도 있습니다. 나의 주의가 어디로 향하는지 알아차린 다음, 그곳에 계속 집중을 유지하는 것이 나에게 도움이 되는지 판단하면 좋겠어요. 만약 도움이 되지 않는다면 가만히 주의를 옮겨서 도움이 되는 것에 초점을 맞추도록 하세요. 주의를 옮기는 것은 연습이 필요합니다. 자전거 타는 법을 배울 때처럼 반복해서 연습해야 하지요. 다음 장에서 살펴볼 마음챙김 훈련에서도 가장 중요한 부분입니다.

- 우울하거나 불안할 때, 우리는 감정에 사로잡힙니다. 마치 모든 것이 우리를 힘든 상황으로 몰아넣는 듯한 착각에 빠지기도 하고요. 여기에 대응하려면 다양한 감각에 주의를 기울이는 활동이 도움이 됩니다. 예를 들어, 아끼는 옷을 입거나, 좋아하는 향수를 뿌리거나, 악기를 연주하거나, 평소 맘에 둔 그림이나 사진을 보는 등의 일은 주의를 힘든 감정에서 다른 것으로 돌리도록 도와주지요.
- 주의를 원하는 곳으로 돌리는 게 힘든 상황을 회피한다는 뜻은 아닙니다. 나를 힘들게 하는 문제를 마음속 가장 중요한 곳에 계속 내버려 두지 않는다는 뜻이지요.

주의를 기울일 대상 정하기

스포트라이트를 여기저기 비추는 것처럼 주의를 이리저리 옮겨서 집중할 수 있습니다. 내가 무엇에 집중하는지에 따라 신체 감각과 감정과 생각이 영향을 받지요. 곤란한 상황이거나 (속상하고 걱정되는 생각으로 마음이 어지럽거나) 그저 행복감을 느끼고 싶을 때 무엇에 집중하면 좋을지 생각해 보고 (예컨대 악기를 연주하거나 어떤 활동을 하는 등) 그것에 주의를 기울이면 도움이 된답니다.

수영을 배울 때 수영장의 깊은 곳에서 시작하지 않듯 스트레스가 큰 상황에서 주의력 훈련을 시작하는 것은 바람직하지 않습니다. 비교적 편안하고 주변 상황이 잘 풀릴 때 주의력 훈련을 시작하는 편이 효과적이에요. 주변에 주의 강탈자가 많을 때는 훈련을 피하세요.

나의 삶을 건강하게 해 주는 것에 주의를 기울여 보세요. 떠올리면 행복해지는 추억이 있나요? 기대되는 일에 주의를 집중해 볼까요? 가령 집에서 기다리던 반려동물이 나를 반갑게 맞아 주는 생각을 해 보는 거예요. 또는 친절 상자에 넣어 둔 추억의 물건이나 기념품을 찾아보면 기분이 나아질까요? 좋아하는 음악을 듣거나 연주하는 일, 시를 읽거나 블로그 글을 읽는 건 어떤가요? 좋아하는 냄새에 주의를 기울여 보면 어떨까요?

내 삶이 건강해지려면 무엇에 주의를 기울이면 좋을까요?

_____

_____

_____

메이슨은 반려견 로지와 랄프를 떠올렸어요. 알렉스는 친절 상자에 넣어 둔 사진을 보기로 했지요. 카터는 다가올 가족 휴가를 생각했어요. 말리아는 음악을 틀고 춤을 추기로 했습니다.

나는 로지랑 랄프 생각을 할 거야.

사진을
찾아봐야겠다.

류가 가는 생각을 해야지.

노래하면서 춤출래.

실험해 봐요

이제 주의를 환기하고 (하루 중 항상 갖는 휴식 시간에) 기분이 좋아지게 해 주는 것에 집중할 수 있도록 도와주는 것들을 생각해 보세요. 잠들기 전 침대 옆에 놓아 둔 사진을 보면 행복한 기억을 떠올릴 수 있겠지요. 주머니에 넣어 둔 반짝이는 조약돌의 매끈한 표면을 만지거나 향초를 켜면 기분을 차분하게 가라앉히는 데 주의를 기울일 수도 있습니다. 거울에 붙여 둔 메모나 창턱에 놓아 둔 화분을 바라보거나, 물을 마실 때 특별한 머그잔을 사용하는 행동도 주의를 집중하는 데 도움이 된답니다. 마지막으로 주의를 전환하는 데 전자기기를 활용해 보면 어떨까요? 직접 알림을 설정해 두거나 무작위로 알림을 보내 주는 앱을 사용하는 것도 도움이 됩니다.

생각해 봐요

주의를 환기하기 위한 알림 장치로 무엇을 사용할 수 있을까요?

과학적 근거

우리의 주의는 새로운 것에 집중한다는 사실이 많은 연구에서 밝혀졌습니다. 가끔 주의를 환기해 주는 도구를 바꿔 보면 어떨까요? 사진을 바꾸고, 화분의 위치를 옮기고, 새로운 음악을 듣는 등의 변화는 긍정적이고 도움이 되는 것으로 주의를 돌리는 데 도움이 될 거예요. 지금까지 습관처럼 살던 태도를 바꿀 수 있답니다. 이 주의 옮기기 기술이 몸에 배면 걱정이나 좋지 않은 기억을 곱씹는 악순환의 고리를 끊는 데 도움이 됩니다. 그뿐만 아니라 내 마음에 작은 휴식을 선사해 줄 거예요.

4장 긍정적인 에너지를 얻는 주의력 키우기

나의 친절 상자

친절 상자

이번 장에서 주의를 다른 곳으로 옮기는 방법을 살펴봤어요. 마치기 전에 잠깐 시간을 내서 어떤 점이 유익했는지 돌아보세요. 주의를 옮길 수 있게 해 줄 만한 것으로 무엇을 친절 상자에 넣어 두면 좋을까요? 말리아는 잠시 생각한 뒤 "내가 주의를 기울이는 것의 범위는 확장된다"라고 적은 메모를 친절 상자에 넣고 주의를 환기해야 할 때 이용하기로 했어요. 조약돌, 사진, 팔찌, 향수, 좋아하는 시는 어떤가요? 다음 장에서는 여기서 이해한 것들을 바탕으로 마음챙김에 초점을 맞출 거예요.

5장

마음챙김 훈련

마음챙김에 관해 들어 본 적이 있을 거예요. 최근 몇 년 동안 학교, 단체, 회사 등에서 마음챙김 훈련을 하는 사례가 늘어나고 있어요. 마음챙김 훈련이 건강한 삶에 긍정적인 영향을 준다는 인식 때문이지요.

간단히 말해 마음챙김은 의식적으로 지금 여기에 집중하면서 아무런 판단도 하지 않는 상태를 말합니다. 우리는 호흡이나 소리, 냄새, 나무의 움직임이나 땅을 디딜 때 발에 닿는 촉감에 주의를 기울일 수 있어요. 4장에서 주의를 원하는 곳으로 옮기는 훈련을 한 것처럼, 마음챙김도 그와 매우 비슷하게 진행된답니다. 이번에는 최대한 한 곳에 주의를 집중하면서, 우리의 주의가 다른 무언가(어딘가)로 향하려 할 때, 주의가 움직이려 했다는 사실을 알아차리고, 집중하고 있던 것에 다시 한번 주의를 기울이는 훈련을 할 거예요.

이번 장에서 우리는

- 어떠한 판단도 하지 않고 지금 이 순간에 주의를 집중할 거예요.
- 마음챙김 호흡과 마음챙김 듣기에 초점을 맞출 거예요.
- 식사와 걷기 같은 활동에 마음챙김을 적용해 일상생활에서 마음챙김을 활용할 수 있는 방법을 살펴볼 거예요.
- 친절 상자에 무엇을 넣을지 생각해 보아요.

마음챙김이 청소년들에게 차분하고 편안한 상태를 유지하는 데 큰 도움이 된다는 사실이 여러 연구에서 드러났습니다. 시험에서 훨씬 좋은 결과를 낸 경우도 꽤 있었고요.

- 마음챙김은 의식적으로 주의를 한 곳에 집중한 다음 주의가 다른 곳으로 향하면 (그날 저녁 계획한 일이나 어제 한 일이나 하지 말았어야 하는 일이 떠오르는 식으로 말이지요.) 다시 원래 집중하던 것으로 주의를 돌리는 과정을 훈련합니다.
- 주의가 다른 곳으로 향하는 일은 늘상 일어납니다. 훈련의 핵심은 '스스로 알아차리기'에 있어요. 주의가 아무 상관없는 곳으로 향하면 어깨를 가볍게 토닥여 환기한 뒤 다시 집중합니다.

마음챙김 훈련 - 호흡, 듣기

이제 4가지 훈련에 집중할 거예요. 마음챙김 호흡과 마음챙김 듣기는 우리 신체 속도를 늦추는 데 도움이 되는 훌륭한 방법이랍니다. 우선 이 두 가지부터 시작합니다.

마음챙김 훈련을 위한 준비

먼저 방해받지 않고 앉아 있을 수 있는 장소를 찾습니다. 차분히 집중할 수 있는 장소면 좋아요. 각 훈련 단계를 미리 읽어 두면 순서에 익숙해질 거예요. 의자에 앉아 발을 바닥에 대고 어깨너비로 발을 벌린 채 고개를 들고 등을 세웁니다. 가만히 눈을 감아도 좋습니다. 눈을 뜨고 싶다면 액자 밑면이나 바닥의 점 같은 곳에 시선을 고정하고 주의를 집중합니다.

마음챙김 호흡

 첫 훈련에서 마음챙김 호흡에 집중하는 까닭은 언제 어디서나 할 수 있는 활동이기 때문이랍니다.

호흡법 따라 하기

1. 앉을 곳을 찾은 뒤 몸과 마음을 가다듬고 가만히 호흡에 집중합니다. 천천히 숨을 들이마시고 내쉬는 감각에 집중합니다.

2. 집중할 지점을 정하면 도움이 됩니다. 가령 코끝 주변에 초점을 맞추고 공기가 들어갔다 나오는 감각에 집중하면 도움이 됩니다. 또 가슴의 한가운데에 주의를 기울이고 공기를 들이마실 때 가슴이 부풀고 내쉴 때 줄어드는 감각에 집중해도 좋겠지요. 호흡할 때 배가 나왔다가 들어가는 데 집중하는 것이 편할 수도 있습니다. 맞고 틀린 방법은 없습니다. 핵심은 호흡에 집중하는 데 있답니다.

3. 호흡이 얕거나 거칠다고 느껴져도 걱정하지 마세요. 호흡하는 과정과 감각을 의식하면서 공기가 몸으로 들어오고 나가는 느낌에 주의를 기울이는 것이 훨씬 중요합니다.

4. 집중이 흐트러져 주의가 다른 방향으로 흐르면 스스로를 꾸짖지 말고 다시 호흡에 주의를 기울입니다. 마음챙김은 정신이 지금 이곳에서 어떻게 작용하는지 (호기심을 가지고) 관찰하는 법을 배우는 활동입니다.

훈련을 마무리할 준비가 되면 내가 앉아 있는 의자와 머무는 공간으로 의식을 가만히 넓힙니다. 눈을 감고 있었다면 뜹니다. 시선을 정면으로 향합니다. 차분히 호흡하고 스트레칭한 뒤에 깨달은 것을 기록합니다.

5장 마음챙김 훈련

무엇을 깨달았나요?

_____

_____

_____

메이슨은 마음을 진정하는 데 마음챙김 훈련이 도움이 된다는 것을 알았어요.
알렉스는 졸음이 쏟아졌지요. 카터는 숨을 들이마실 때 혀에 닿는 공기가 차갑게 느껴져서 신기했고,
말리아는 점심 생각이 나기 시작했지만 다시 훈련에 집중할 수 있었습니다.

마음이 차분해졌어.

새로운 기술을 익히는 데에는 연습과 인내심이 필요합니다. 각 단계를 밟아 나갈 때
스스로를 친절하게 대해야 한답니다! 주의가 흐트러진다고 스스로를 몰아붙이거나
비난하지 마세요.

마음챙김의 핵심은 주의가 흐트러졌을 때 '스스로 알아차리기'에 있다는 점을 기억
하세요. 알아차렸다면 가만히 다시 집중하면 된답니다.

마음챙김 듣기

이번 훈련에서는 우리 주변에서 들을 수 있는 소리에 집중하면서 시간을 보내는 마음챙김 듣기에 초점을 맞춥니다.

듣기 훈련법 따라 하기

1. 앉을 곳을 찾은 뒤 몸과 마음을 가다듬고 가만히 호흡에 집중합니다. 천천히 숨을 들이마시고 내쉬는 감각에 집중합니다.
2. 준비되면 주변의 소리에 주의를 기울입니다.
3. 소리의 변화와 가까워졌다 멀어지는 감각에 주목합니다.
4. 주의가 흐트러지면, 가령 저녁으로 무엇을 먹을지, 특정한 소리가 어디에서 나는지 신경 쓰인다면 다시 정신을 가다듬고 지금 이곳에서 들리는 소리에 귀를 기울이고 집중합니다.
5. 한 가지 특정한 소리에 의식적으로 주의를 기울이는 나의 능력에 주목합니다. 소리의 형태에 호기심을 가져 봅니다. 큰 소리인가요, 작은 소리인가요? 소리의 높낮이와 음색에 집중하고 규칙적인 소리인지 불규칙한 소리인지 주의를 기울입니다.
6. 이 훈련을 약 5~10분가량 진행합니다.

훈련을 마무리할 준비가 되면, 내가 앉은 의자와 머무는 장소로 의식을 가만히 넓힙니다. 눈을 감고 있었다면 뜹니다. 시선을 정면으로 향합니다. 차분히 호흡하면서 스트레칭하고 나서 떠오른 내용을 기록합니다.

무엇을 깨달았나요?

_____

_____

_____

> 말리아는 여러 소리에 주의를 집중하고 열심히 들었습니다. 한순간 큰 소리에 놀라 주의가 흐트러졌지만 다시 마음을 진정하고 소리의 높낮이와 분위기에 집중했습니다.

시끄러워.

마음챙김 호흡과 듣기는 나의 '마음이 바로 지금 어디에 있는지'를 스스로 인식할 수 있는 능력을 키우는 좋은 활동입니다. 다른 곳으로 마음이 쏠리는 것을 잘 알아차릴수록, 내 집중력은 훨씬 높아진답니다!

매일매일의 마음챙김 – 식사, 걷기

 마음챙김 훈련을 매일 하면 도움이 됩니다. 항상 조용한 장소를 찾아다녀야 한다는 뜻은 아닙니다. 샌드위치를 만들거나 이를 닦거나 산책을 하거나 게임을 하면서도 마음챙김 훈련을 할 수 있어요. 우리는 바로 그 순간 무엇을 하고 있는지 집중하지 않은 채로 여행하거나 먹거나 마시거나 씻습니다. 한 가지 생각에 빠져 헤어 나오지 못하기도 하지요. 예컨대, 과거에 일어났던 일을 곱씹거나 앞으로 일어날 일을 걱정할 때가 그렇습니다. 그건 일반적인 행동이지만 우리 마음이 도움이 되지 않는 방향으로 움직이도록 내버려 두고 있다는 뜻이기도 해요. 이런 상황이 계속되면 불안하고 슬프고 스트레스를 받는 것은 당연하겠지요. 또한 '지금 여기'에서 무슨 일이 벌어지고 있는지 집중하지 못한다는 의미이기도 합니다.

"확실한 것은 우리가 지금 이 순간을 가졌다는 것입니다.
영어로 현재(present)라는 단어에 '선물'이라는 의미가 있는 이유랍니다."
— 『자비로운 마음 연습(The Compassionate Mind Workbook)』, 크리스 아이언스와 일레인 보먼트

마음챙김이 도움이 되는 까닭은 우리의 마음을 지금 이 순간에 집중해 걱정, 의심, 후회를 줄이는 법을 배울 수 있기 때문입니다. (현재의 선물이지요.) 이어지는 두 가지 활동에서는 마음챙김 식사와 마음챙김 걷기를 연습할 거예요. 잘 살펴보세요.

마음챙김 식사

밥을 먹을 때는 집중하지 못하는 경우가 많아요. 전화가 오거나 텔레비전을 보거나 여러 가지 걱정이 꼬리에 꼬리를 물며 이어지기가 쉽지요. 우리는 음식이 너무 차거나 뜨겁거나 묘한 맛이 날 때에야 비로소 그 순간을 인식합니다. 마음챙김 식사는 지금 여기에 집중해서 음식을 먹는 동안 자칫 놓치기 쉬운 즐거운 경험에 주의를 기울이도록 도와준답니다!

이번 활동에서는 무엇을 먹고 싶은지 정하는 것이 먼저입니다! 과일 한 조각이나 초콜릿 한 조각처럼 작은 음식에서 시작하면 도움이 됩니다. 마음챙김 식사는 다른 어느 곳이 아닌 지금 여기에 머무는 것이 가장 중요합니다. 음식의 질감, 맛, 색, 소리, 냄새에 초점을 맞춥니다. 다시 한번 방해받지 않는 장소를 찾아가세요.

1. 무엇을 먹을지 결정했다면, 음식을 바라보면서 몸의 반응에 주목합니다.

2. 가만히 음식을 집어 들고 모양, 크기, 질감, 색깔 등에 집중합니다.

3. 음식의 냄새를 맡습니다. 무엇을 알게 되었나요?

4. 음식의 온도를 살펴봅니다. 뜨거운가요, 차가운가요?

5. 이제 음식을 맛봅니다. 어떤 맛이 나나요?

6. 입속에서 어떤 느낌이 나나요? 식감을 잘 생각해 봅니다.

7. 입속에서 음식을 이리저리 움직여 보세요. 그런 다음 씹으면 어떤 느낌이 드나요?

8. 음식을 삼킬 때와 다 먹었을 때의 느낌은 어떤지 잘 생각해 봅니다.

음식을 다 먹고 나면 가만히 내가 머무는 공간으로 의식을 넓힙니다. 차분하게 호흡한 다음 깨달은 것을 기록합니다.

생각해 봐요

무엇을 깨달았나요?

_____

_____

_____

메이슨은 오렌지를 먹을지, 초콜릿을 먹을지 마음을 정하지 못했습니다.
그러다 결국 초콜릿으로 정했지요! 초콜릿을 먹으면서 식감이 어떤지 생각했고 씹는 느낌과
입에서 녹을 때의 부드러움에 집중했습니다.

마음챙김 걷기

어디에서 걸을지 결정하는 것이 시작입니다. 출발점과 끝 지점이 있어야 한다는 뜻이지요. 집 현관에서 출발해 근처 공원에서 마무리할지 또는 친구 집에서 끝낼지 정해 보세요.

출발하기 전에 꿀팁을 살펴보세요.

- 마음챙김 걷기는 다소 까다로울 수 있습니다. 걷는 동안에 주변에 여러 가지 자극이 있기 때문이지요. 예컨대, 소음, 냄새, 눈에 보이는 것에 마음이 쏠리기 쉽습니다. 아는 사람을 만나서 (혹은 모르는 사람도!) 방해받기도 합니다. 그렇다고 하더라도 시간을 내서 이곳저곳 다니면 마음챙김 기술을 연습할 기회가 많아지는 셈이니 충분히 노력할 가치가 있어요.
- 마음챙김 걷기라는 말을 사용하지만, 휠체어를 타거나 노를 젓거나 요트를 타거나 달리거나 수영하는 등 다양한 형태로 마음챙김을 훈련할 수 있답니다.

걷기 훈련법 따라 하기

어디서 시작해서 어디서 끝낼지 결정했다면, 바로 출발점으로 갑니다.

1. 걷기를 시작할 때, 가만히 몸의 각 부분에서 느껴지는 감각에 주의를 기울입니다. 속도를 늦추고 어떤 느낌인지 집중하세요. 이제 속도를 내면서 무엇이 다른지 느껴 봅니다.
2. 잠시 주변에 보이는 것들을 살피며 걷습니다.
3. 무엇이 들리는지, 어떤 냄새가 나는지 주의를 기울입니다.
4. 발에 무엇이 닿는지 느껴 봅니다. 가령 풀 위를 걷고 있나요? 혹은 낙엽을 걷어차고 있나요?
5. 무엇이 느껴지나요? 햇살, 비, 바람 등이 머리카락과 얼굴과 손에 닿는 느낌이 어떤지 가만히

집중해 봅니다.

6. 발뒤꿈치가 땅에 닿을 때, 발바닥이 땅에 닿을 때, 발가락이 땅에 닿을 때의 감각에 주목합니다. 발뒤꿈치를 들어 올리고 다른 쪽 발이 땅에 닿는 감각에 집중합니다. 가만히 걷는 과정에 몰입합니다. 땅에 더 많이 닿는 발이 왼쪽인지 오른쪽인지 호기심을 가지고 찬찬히 주의를 기울여 봅니다.

7. 이제 주의를 다른 곳으로 돌립니다. 신체가 아닌, 먼 곳에 무엇이 보이고 들리는지에 초점을 맞춥니다.

8. 마음챙김 걷기 훈련과 상관없는 것에 마음이 쏠린다면, 그 사실을 알아차렸다는 데에 스스로를 기특해하며 다시 주의를 집중합니다.

끝 지점에 도착하면 잠시 마음챙김 걷기를 하는 동안 경험한 것들을 되돌아봅니다.

무엇을 깨달았나요?

메이슨은 왼발이 땅에 닿을 때 훨씬 무겁게 느꼈고, 알렉스는 땅 위의 낙엽을 발로 찰 때의 감각을 즐겼으며, 카터는 마음챙김 걷기에 집중하는 일이 꽤 편안하다고 생각했고, 말리아는 또 점심 생각이 났지만 다시 활동에 집중할 수 있었지요!

왼발이 무거운 느낌이었어.

낙엽을 발로 차니까 재밌더라고.

편안한 기분이 들었어.

나는 배가 고팠어.

마음챙김이 현재, 즉 지금 여기에 집중하는 데 큰 도움이 된다는 사실을 깨달았을 거예요. 마음챙김 훈련을 할 때 우리의 주의는 다른 것(소음이나 방해하는 생각)에 쉽게 사로잡힙니다. 핵심은 지금 하는 일로 주의를 되돌리는 데 있답니다.

잠시 이번 장에서 유용하다고 생각한 것이 무엇인지 떠올려 봅니다. 도움이 된 것 같아 다시 해 보고 싶은 활동은 무엇인가요?

_____

_____

_____

마음챙김 훈련을 위해 이번 주는 얼마 정도 시간을 낼 수 있나요? 더 먼 곳까지 마음챙김 걷기를 하거나 한 끼를 차분하게 마음챙김 식사를 하거나 양치할 때 마음챙김을 실천하는 것은 어떨까요? 나는 어떤 활동을 해 보고 싶나요?

_____

_____

_____

나의 친절 상자

이번 장에서 배운 내용을 떠올리기 위해 친절 상자에 넣고 싶은 것은 무엇인가요? 마음챙김 방법을 적은 종이나 마음챙김 걷기, 마음챙김 식사, 마음챙김 호흡, 마음챙김 듣기를 한 뒤의 생각을 적어 둔 메모는 어떨까요? 마음챙김 식사 때 먹고 싶은 음식 목록을 넣어도 좋겠지요. 좋아하는 마음챙김 활동을 적은 종이를 넣으면 어떨까요? 색색의 구슬과 다양한 질감의 물체를 이용해서 팔찌를 만들거나 주머니에 반짝이는 조약돌을 넣어 두고 '지금 여기 나에게 선물로 주어진 시간에 집중하자'는 생각을 떠올리는 데 사용해도 좋겠어요.

친절 상자는 나의 건강한 삶에 도움이 되는 것들을 떠올리도록 도와줍니다. 내가 좋아하는 사람들, 장소, 반려동물 등의 사진을 주의 깊게 들여다보는 것도 마음챙김 훈련에 도움이 된답니다. 애착이 있는 물건, 좋아하는 향수, 즐겨 듣는 플레이리스트 등을 친절 상자에 넣어도 좋아요.

6장

마음이 편안해지는 상상력 기르기

상상력은 '마음의 눈'으로 볼 수 있는 곳이라면 어디로든 우리를 데려가 주지요. 우리는 평화롭고 편안한 해변에 앉아 있는 모습이나 좋아하는 축구팀이 (연장전 마지막 순간에!) 골을 넣는 장면이나 좋아하는 장소에 좋아하는 사람들과 함께 있는 모습을 상상할 수 있지요.

상상력이라고 하면 대개 시각적인 측면이 강조되지만, 경험을 마음속에서 떠올리거나 새로 이미지를 만들어내는 '심상화' 기법에는 청각, 미각, 후각, 촉각 같은 여러 감각이 사용된답니다. 우리는 상상력을 활용해 기분을 차분하게 가라앉히거나 정신을 바짝 차리거나 느긋해질 수도 있어요. 이런 활동은 우리의 건강한 삶에 긍정적인 영향을 줍니다. 이번 장에서는 상상력의 힘을 발휘해 삶의 질을 향상시키는 방법을 배웁니다.

> 이번 장에서 우리는
> - 건강과 행복에 도움이 되는 색깔을 상상해 볼 거예요.
> - 상상력을 이용해 고요하거나 평화롭거나 느긋하거나 안심되는 장소를 만들어 낼 거예요.
> - 친절 활동가, 응원단, 코치, 든든한 친구, 슈퍼히어로로, 마음 따뜻하고 공감을 잘해 주는 동료의 이미지를 만들어 낼 거예요.
> - 친절 상자에 무엇을 넣을지 생각해 보아요.

많은 사람이 상상력을 활용해 잠재력을 발휘하고 자존감을 높입니다. 심상화 기법은 스포츠, 드라마, 예술 활동 등 다양한 분야에서 사용됩니다. 육상 선수들은 경기에 앞서 경기의 전 과정을 시각적인 '영상'(또는 희망적인 예측)을 통해 미리 경험합니다. 축구 선수들은 페널티킥에 성공하는 장면을, 테니스 선수들은 승리를 결정짓는 한 방을 반복해서 상상하지요. 이 모든 것은 실제로 축구공을 차거나 테니스공을 치거나 트랙 위에 발을 내딛지 않고 상상 속에서 일어납니다. 모두 선수들의 마음속 눈, 귀, (가끔은) 코, 피부로 경험하는 상상의 활동이지요!

최근 몇 년간, 과학자들은 마음속에서 만들어 내는 이미지들이 우리의 건강한 삶에 긍정적인 효과를 준다는 사실을 알아냈습니다. 차분하고 평화로운 이미지를 그릴 때 스트레스 호르몬이 감소하고 신체의 반응 속도가 느려진다는 사실을 여러분은 알고 있었나요? 감각 경험이 마음속에서 재생되는 '심상'은 실제 사건이 일어났을 때와 같은 뇌 영역을 자극합니다. 예를 들어, 배가 고파서 점심으로 무엇을 먹을지 상상하면 우리 몸은 배에서 꾸르륵 소리를 내는 식으로 반응합니다. 음식을 상상하는 것만으로도 눈앞에 실제로 음식이 놓여 있을 때와 같은 신체 반응이 일어나지요.

작가들은 상상력을 이용해 독자들을 몰입하게 합니다. 덕분에 우리는 각자 상상의 나래를 펼치며 이야기 속 장면을 그릴 수 있어요. 가령 『해리포터』를 읽을 때 우리는 해리 이마에 난 상처, 마법 빗자루, 마법사들, 마법학교 교수들, 마법을 사용하는 장면 등을 머릿속에 그릴 수 있지요. 해리와 친구들이 호그와트행 기차에서 먹은 사탕의 맛과 향을 상상할 수도 있고, 퀴디치 경기에서 급강하하는 모습을 떠올리면서 심장이 두근대는 경험을 하기도 해요. 이런 심상이 독서 활동에 더해지면서 몸과 마음의 온전한 경험이 완성되지요.

심상 활동 맛보기

동네 편의점에 들렀다 집으로 가는 길을 머릿속으로 그려 보거나 수업을 들었던 교실의 배치도(시각적 이미지)를 떠올릴 때 어떤 것들이 그려지나요? 컴퓨터 키보드 소리나 좋아하는 노래(청각적 이미지)를 상상할 수 있나요? 좋아하는 음식이나 향수의 냄새(후각적 이미지)를 상상할 때 어떤 것들이 느껴지나요? 발바닥에 느껴지는 따뜻한 모래나 좋아하는 침구의 부드러움(촉각적 이미지)을 상상할 수 있나요? 좋아하는 음식을 떠올릴 때 어떤 맛(미각적 이미지)인지 느낄 수 있나요?

심상 활동을 할 때 선명한 고화질 영상을 경험하지 못하거나 좋아하는 가수의 목소리가 스마트폰으로 재생될 때처럼 생생하게 느껴지지 않을 수도 있답니다! 하지만 상상력을 통해 시각, 청각, 후각, 미각, 촉각 등 일부 감각을 경험했을 거예요.

다양한 색깔 상상하며 다양한 감정 느끼기

이제 두 가지 심상 활동을 하면서 신체의 속도를 늦추고 차분하고 편안한 기분을 느껴 볼 거예요. 첫 번째 활동은 다양한 색상을 상상하면서 차분하고 평화로운 경험을 끌어내는 데 초점을 맞춥니다. 여러분은 특별히 끌리는 색깔을 찾아낼 거예요. 앞으로도 필요할 때마다 그 색깔을 반복해 떠올리면서 도움을 받을 수 있을 거예요. 두 번째 활동은 '마음의 눈'으로 차분하고 평화롭고 편안하고 위안이 되는 장소를 만드는 데 초점을 맞춥니다.

연구에 따르면 인구의 1~3%가 시각적인 심상을 만들어 내거나 이용하는 활동을 어려워한다고 합니다. 이처럼 마음속으로 이미지를 상상하는 데 어려움을 겪는 증상을 아판타시아(aphantasia)라고 해요. 이런 사람들은 특정한 색깔을 떠올리는 게 마음의 눈으로 어떤 장소나 사람을 만들어 내는 것보다 쉽다고 생각하지요. 다른 활동을 해 보면서 어떤 활동에 마음이 가는지 확인해 보세요.

6장 마음이 편안해지는 상상력 기르기

활동을 시작하기에 앞서 방해받지 않는 장소를 찾습니다. 주의가 흐트러지지 않고 온전히 집중할 수 있는 곳이면 좋습니다. 먼저 각 활동 단계를 쭉 읽으면서 흐름에 익숙해집니다. 의자에 앉은 채 발을 (어깨너비로 벌리고) 바닥에 댄 채로 등을 곧게 펴는 자세가 도움이 됩니다.

색깔 상상하기

1. 조용히 앉아서 몸과 마음을 차분하게 가라앉힐 장소를 찾았다면, 가만히 호흡에 주의를 기울입니다. 천천히 숨을 들이마셨다가 내쉬는 감각에 집중합니다. 평소보다 느리고 깊게 호흡하면서 몸이 조금씩 편안하게 이완되는 것을 느낍니다. 어깨에서 힘을 빼고 턱의 긴장을 풉니다.

2. 준비되었으면 마음속으로 파란색 그림을 그려 봅니다. 다양한 색조를 지닌 파란색을 상상해 보세요. 푸른 하늘색이나 파란 바다 빛깔이나 부드러운 침구의 파란색이나 파란 꽃을 그려 봐도 좋아요. 단순히 파란색 덩어리를 상상할 수도 있겠지요. 마음의 눈으로 보는 모든 것을 파란색으로 채우면서 잠시 파란색을 감상합니다.

3. 이제 오렌지색으로 바꿔서 오렌지 빛을 띤 모든 것을 상상합니다. 오렌지색 싱싱한 과일과 꽃과 채소, 따뜻한 오렌지색 점퍼나 타오르는 오렌지 빛 석양 등을 그려 봅니다. (마음의) 눈앞에 펼쳐진 오렌지색을 만끽하면서 느낌이 어떤지 생각해 봅니다.

4. 준비되었으면 빨간색으로 바꿔 봅니다. 붉은빛이 도는 풍경, 붉은 벽돌, 빨간 장미, 화려한 빨간색 깔개 등을 상상합니다. 다양한 분위기의 빨간색을 상상해 보세요. 상상한 이미지에 푹 빠져 보세요.

5. 준비되었으면 노란색으로 바꿉니다. 다채로운 색조의 노란색을 그려 봅니다. 황금빛 태양, 노란 수선화, 샛노란 레몬, 노란 낙엽 등을 상상해 보세요. 나에게 가까이 다가오는 노란색, 멀어지는 노란색, 내 주변에서 소용돌이치는 노란색을 상상합니다.

6. 이제 상상의 색을 초록색으로 바꿉니다. 머릿속에 떠오르는 모든 것을 갖가지 색조의 초록색으로 채웁니다. 초록빛 잔디, 초록색 잎, 무성한 초록 이끼류, 어두운 초록빛 숲, 녹색 페인트

를 칠한 벽 등을 상상합니다. 아름답고 다채로운 초록빛 색감에 둘러싸였다고 상상해 보세요. 초록의 경험을 오롯이 즐겨 보세요.

7. 이제 보라색으로 바꿉니다. 아름다운 노을이나 꽃이나 폭신한 침구나 어렸을 적 좋아하던 장난감 등을 보라색으로 채워 봅니다. 다른 색과 마찬가지로 보라색과 보랏빛 경험을 만끽해 봅니다.

8. 이제 내가 고른 다른 색으로 바꿔 봅니다. 분홍색, 자주색, 갈색 무엇이든 좋습니다.

9. 색깔을 상상했다면 몸과 마음이 어떤 느낌인지에 주목합니다. 마음의 속도가 느려지고 몸 역시 마찬가지라는 점을 깨달을 수도 있습니다. 경험한 색깔 중 유독 마음을 편안하게 해 준다고 느껴지는 색깔이 있을 수도 있습니다.

10. 지금 자신에게 딱 어울린다는 생각이 들어서 다시 상상해 보고 싶은 색깔이 있나요? 잠시 시간을 갖고 그 색을 떠올려 봅니다. 그 색을 다시 상상하자 얼굴 표정이 환해지거나 입가에 미소가 떠오를 수도 있습니다. 내가 선택한 색의 광채와 아름다움을 느껴 봅니다.

언제든지 이 활동을 통해 여러 색을 경험할 수 있다는 사실을 기억하면서 가만히 활동을 마무리합니다. 내가 앉아 있는 의자와 머무는 방으로 의식을 넓힙니다. 눈을 감고 있었다면 뜹니다. 시선을 정면으로 향합니다. 차분하게 호흡하면서 스트레칭한 다음 생각한 것을 기록합니다.

생각해 봐요

무엇을 깨달았나요? 특정한 색깔이 편안하게 느껴지거나 마음을 차분하게 해 준다는 점을 알게 되었나요? 이 활동 전체나 일부를 다시 해 보면 도움이 될까요?

메이슨은 노란색이 마음을 차분하게 진정시켜 준다는 점을 깨닫고 활동 마지막에 노란색을 다시 떠올렸어요. 알렉스는 색을 상상하는 전반적인 과정과 다른 색으로 넘어가는 부분에서 편안한 기분이 들었지요. 카터는 빨간색에서 자신이 좋아하는 미식축구팀과 그 팀의 빨간 유니폼을 떠올리자 기분이 들뜨고 신났습니다. 말리아는 난생처음 시험 걱정에 사로잡히지 않았다는 사실을 깨달았어요.

차분한 느낌이 들었어.

편안한 기분이었어.

기분이 들떴던 것 같아.

시험 걱정이 사라졌어.

'마음의 눈'으로 편안한 장소 만들어 내기

이번 활동에서 여러분은 몸과 마음이 차분해지거나 평화로워지거나 편안해지거나 위안을 얻을 수 있는 상상 속의 장소를 만들어 낼 거예요. 다시 한번 활동 방법을 쭉 읽습니다. 편안한 장소를 만들기 전에 꿀팁 상자를 읽어 보세요.

시작하기에 앞서 장소를 뭐라고 부르고 싶은지 생각해 보면 도움이 됩니다. 내가 사용하는 단어가 내 경험에 큰 영향을 미치기 때문입니다. 어떤 사람들은 '나만의 안전한 장소'라고 이름 붙이고 싶어 했습니다. 그렇게 부르면 마음이 편안해지고 여러모로 도움이 된다고 느꼈기 때문이지요. 또 어떤 사람들은 '내가 느긋해지는 장소'라거나 '평화로운 곳' 같은 말이 훨씬 잘 어울린다고 생각합니다. 나는 그 장소를 어떻게 부르고 싶은가요? 용어는 중요하지 않다고 생각하거나 그 순간의 필요에 따라 바꿀 수도 있습니다. 뭐니 뭐니 해도 나에게 도움이 되는 표현을 찾는 것이 가장 중요합니다.

고요하거나 평화롭거나 느긋해지거나 편안해지는 장소의 이름을 결정한 다음 나를 위해 만들고 싶은 장소가 어떤 곳인지 적어 두면 도움이 됩니다.

'고요하거나 평화롭거나 느긋해지거나 편안해지는' 나만의 장소는 어디인가요? 해변이 될 수도 있고 공원의 좋아하는 장소나 숲속 빈터나 집 앞 정원일 수도 있습니다. 장소를 생각해 내기 어렵다면 휴가 때 찍은 사진을 보거나 잡지, 인터넷을 찾아보면서 아이디어를 얻어 보세요.

그 장소에서 무엇을 보고 듣고 만지고 냄새 맡고 싶은가요? 바닷가에서 파도가 부서지는 소리를 듣거나 시냇물이 졸졸 흐르는 소리를 듣고 싶을 수도 있고, 바람이 불어 좋아하는 나무를 스치는 소리를 듣고 싶을지도 모르겠어요. 행복한 추억이 떠오르게 하는 향수, 꽃향기, 비 온 뒤 풀 냄새가 가득한 장소를 만들고 싶을 수도 있겠지요. 나에게 중요한 것이나 내 마음을 달래 주고 편안하게 해 주는 무언가를 만질 수 있는 곳을 원할 수도 있어요.

메이슨은 숙모가 가꾸는 뒤뜰로 정했어요. 숙모네 집 뒤쪽으로 흐르는 시냇물 소리와 나무에 앉은 새들이 지저귀는 소리를 좋아하거든요. 알렉스는 나무 사이로 부는 바람 소리를 좋아하기 때문에 동네 공원을 골랐지요. 카터는 휴가 때 가족과 함께 갔던 한적한 해변을 고요한 장소로 정했습니다. 그곳에서 얼굴로 쏟아지던 햇살과 발바닥에 느껴지던 부드러운 모래를 상상할 수 있었어요. 말리아는 벽난로가 있는 방에서 타닥타닥 소리를 내며 타오르는 장작불 앞에 앉아 책을 읽는 상상을 했습니다.

숙모네 뒤뜰을 상상할 거야.

집 근처 공원으로 정했어.

나는 해변이 잘 맞을 것 같아.

벽난로에 장작이 타는 따뜻한 집을 상상할래.

고요하거나 평화롭거나 느긋해지거나 안심이 되는 나만의 장소 떠올리기

1. 먼저 앉을 곳을 찾은 다음 몸과 마음이 차분해졌다면, 가만히 호흡에 주의를 기울입니다. 천천히 숨을 들이마시고 내쉬는 감각에 집중합니다. 조금씩 천천히 깊게 호흡하며 몸이 차츰 이완되는 것을 느낍니다. 어깨에서 힘을 빼고 턱 근육을 느슨하게 풀어 봅니다.

2. 고요하거나 평화롭거나 느긋하거나 안심되는 장소의 이미지를 만들어 봅니다. 가 본 적 있는 장소여도 좋습니다. 마음속에서 창조한 곳이어도 좋고 잡지나 TV에서 본 곳이어도 좋습니다.

3. 바로 어떤 이미지가 떠오르지 않는다 해도 걱정하지 마세요. 나에게 특별한 이미지를 천천히 떠올려 보세요.

4. 마음에 이미지가 하나 자리 잡으면, 펼쳐진 이미지에 몇 분가량 집중합니다.

5. 이제 나만의 특별한 장소에서 들리는 소리에 주의를 기울입니다. 다양한 소리의 특징에 집중하면서 어떤 느낌인지 관심을 기울입니다.

6. 그곳에서는 마음이 편안해지거나 위안이 되는 냄새를 맡을 수 있나요?

7. 잠시 신체 감각에 주의를 기울입니다. 이미지 속에 만져 보고 싶은 것이 있나요? 모래니 보드라운 깔개나 물이나 발 아래 펼쳐진 잔디의 감촉을 느끼고 싶을지도 모릅니다. 얼굴에 와닿는 따스한 햇볕이나 머릿결을 부드럽게 스치는 산들바람의 느낌을 원할 수도 있겠지요.

8. 이제 고요하거나 평화롭거나 느긋해지거나 안심이 되는 장소에 내가 혼자 있는지 살펴봅니다. 누군가와 함께하고 싶은 마음이 드나요?

9. 이 장소가 나를 알아본다고 상상해 봅니다. 잠시 내가 선택한 장소가 나를 보고 기뻐하는 상상을 해 보세요. 이곳은 나만을 위한 장소이며 그 장소가 존재하는 유일한 목적은 나를 돕고 격려하기 위해서라는 사실을 알고 나니 기분이 어떤가요?

10. 더 하고 싶은 것이 있나요? 그저 조용히 머물고 싶을 수도 있고, 걷거나 수영하는 상상을 할 수도 있습니다. 즐겁게 그네를 타거나 게임을 하거나 해먹 위에 몸을 눕히고 싶을 수도 있겠지요. 이곳은 나만의 특별한 장소입니다. 편안한 기분을 느끼기 위해서라면 어떤 식으로든 활용할 수 있습니다.

언제라도 다시 이 활동을 하면 고요하거나 평화롭거나 느긋해지거나 안심이 되는 장소로 돌아올 수 있다는 사실을 기억하면서 가만히 활동을 마무리합니다. 의식을 내가 앉은 의자와 머무는 방으로 넓힙니다. 눈을 감고 있었다면 뜹니다. 시선을 정면으로 향합니다. 차분하게 호흡하면서 스트레칭하고 깨달은 것들을 기록합니다.

생각해 봐요

나만의 고요하거나 평화롭거나 느긋해지거나 안심되는 장소를 만든 기분이 어땠나요? 그런 특별한 장소가 오직 나만을 위해 존재한다는 사실은 어떤 기분이 들게 하나요?

카터는 어느 시점에서 마음이 흐트러졌다는 사실을 알아차렸지만 '그럴 때도 있지, 괜찮아'라고
생각했답니다! 자신만의 차분한 장소를 떠올리자 발바닥에 느껴지는 모래의 감촉과 얼굴을 비추는
햇살에 느긋해졌지요. 카터는 '다시 휴가를 보내는 듯한 기분'이 들었고,
마음이 차분해지는 장소에 언제라도 다시 올 수 있다는 생각에 행복했어요.

다시 휴가를 보내는
기분이었어.

앞으로 며칠간 이 활동을 되풀이하기 위한 시간을 따로 빼 놓으세요. 아래의 꿀팁을
읽으면서 나만의 고요하거나 평화롭거나 느긋해지거나 안심이 되는 장소에서 이런
저런 실험을 더 해 볼 수 있을지 생각해 보아요.

● 어떤 사람은 음악을 틀어 놓으면 도움이 된다고 합니다. 고요하거나 평화롭거나 느
  긋해지거나 안심이 되는 나만의 장소에 있을 때 음악이 몰입을 도와주는지 직접 확
  인해 보세요.
● 마음을 진정하는 데 도움이 되는 물건을 손에 쥐고 있으면 좋다는 사람도 있습니
  다. 나도 뭔가 들고 있으면 도움이 되는지 확인해 보세요. 사진일 수도 있고 부드럽
  고 폭신한 곰 인형이나 누군가가 선물해 준 반짝이는 조약돌이 될 수도 있지요.

친절하고 든든한 상상의 응원단 꾸리기

우리의 뇌와 몸은 나에게 친절했던 누군가가 만들어 낸 감각이나 이미지에 반응한다는 사실을 알고 있나요? 진짜 사람이 실제로 일으킨 감각이나 이미지와 거의 같은 방식으로 말이에요. 물론 실제 사람에게 받는 격려나 응원, 친구 혹은 가족의 따뜻한 포옹만 한 것은 없지요. 하지만 격려가 필요할 때 상상력을 활용하는 방법도 꽤 유용하답니다.

어린 시절엔 상상의 친구를 만들곤 한다는 사실이 여러 연구에서 밝혀졌습니다. (어른이 되어서도 그런 상상의 관계를 유지하는 일이 많지요.) 대개는 사람의 형태를 취하는 경우가 많지만 동물, 천사, 장난감의 모습일 때도 더러 있어요. 상상의 친구는 나를 도와주리라는 믿음 속에 존재하기 때문에 나에게 필요한 특성을 가지고 있을 때가 많지요. 자의식이 발달하고 다른 사람의 시선을 의식하면서 그런 것은 '유치하다'는 생각이 들 때 상상의 친구는 '사라져' 버립니다. 연구자들은 작가들이 어린 시절 상상의 친구를 곁에 두었을 가능성이 매우 높다는 사실을 알아냈어요. 즉 그런 성향은 창의력과 관련 있다는 사실을 암시하지요.

이어지는 활동에서 (이 책에서 최고로 꼽는 부분이랍니다) 여러분은 친절하고 다정하고 힘이 되어 주며 나의 건강한 삶을 진심으로 바라는 누군가 또는 무언가(동물, 바다, 산에 뿌리를 단단히 내린 고목 등)의 이미지를 만들 거예요.

바로 지금 나는 어떤 종류의 격려를 받을 수 있을지 잠시 생각해 봅니다. 나의 마음을 차분하게 진정시켜 주거나 기운을 북돋워 주거나 확신을 갖게 해 줄 누군가 혹은 무언가를 상상합니다. 그 존재는 어떤 특징을 가지고 있나요? 생김새는 어떤가요? 나와 어떤 관계인가요? 만약 말을 한다면 말투는 어떨까요? 나를 아끼고 응원하는 마음을 어떤 표정과 목소리 톤으로 보여 주나요?

_____

_____

_____

_____

　내가 만들어 낸 상상의 존재를 친절 활동가, 친절 응원단, 친절 코치, 힘이 되어 주는 친구, 친절한 슈퍼히어로, 친절한 동료 등으로 부를 수 있어요. 기억해야 할 점은 그 상상의 존재가 나를 최우선으로 생각하고, 나는 보살핌과 지지를 받는다고 느껴야 한다는 거예요. 우리의 친절 활동가를 살펴보면서 아이디어를 얻어 보세요!

나의 친절하고 든든한 상상의 존재

　방해받지 않고 편안하게 앉을 장소를 찾습니다. 몸과 마음이 준비되면 가만히 호흡에 집중합니다. 천천히 숨을 들이마시고 내쉬는 감각에 주목합니다. 조금씩 천천히 깊게 호흡하면서 몸이 편안해지는 것을 느낍니다. 어깨에 힘을 빼고 턱의 긴장을 풉니다. 시선을 낮추고 눈을 감습니다.

1. 나에게 무한한 응원을 보내는 누군가 혹은 무엇인가가 곁에 앉아 있다고 상상합니다.
2. 그 존재가 어떤 모습인지 잠시 생각합니다. 다양한 이미지를 생각하고 살펴본 다음 하나를 정해도 좋습니다.
3. 그 존재가 나에게 온전히 마음 쓰는 모습을 상상합니다. 그 존재는 아무것도 판단하지 않고 나의 행복을 가장 중요하게 생각합니다.
4. 그는 나의 삶이 얼마나 힘든지 이해하고 지금 나에게 필요한 바로 그 성품을 지녔습니다. 힘을 주고, 친절하게 대하고, 용기를 주고, 마음을 진정시켜 주고, 기운을 내도록 도와줍니다. 그

가 나를 판단하지 않고 용기 내길 원하며 풍성한 삶을 살기 바란다는 사실을 나도 알고 있습니다.

5. 나를 중심으로 그가 어디에 있으면 좋겠다고 생각하나요? 나의 앞인가요 옆인가요?

6. 그에게 얼굴이 있다면 표정이 어때 보이나요? 목소리가 있다면 어떻게 들리나요? 나를 아끼고 응원하는 마음을 드러내기 위해 어떤 말을 할까요?

7. 그의 따뜻함, 다정함, 친절함을 경험하면서 얼굴에 옅은 미소를 지어 봅니다. 나는 그의 응원에 위로받거나 힘을 얻습니다.

8. 이제 나와 함께 앉은 그가 나를 친절하게 보살펴 주고 지지해 주는 경험을 해 봅니다.

9. 그가 나에게 알려 주려고 하거나 들려주려고 하는 것이 있나요?

준비되면 언제든 다시 이 활동을 할 수 있다는 사실을 기억해 두고 가만히 활동을 마무리합니다. 내가 앉아 있는 의자와 머무는 방으로 의식을 확장합니다. 눈을 감고 있었다면 뜹니다. 시선을 정면으로 향합니다. 가만히 호흡하면서 스트레칭한 뒤 깨달은 바를 기록합니다.

나를 아끼는 누구 혹은 무엇의 이미지에 집중하는 기분이 어땠나요? 친절하고 힘이 되어 주는 친구와 함께 있을 때와 비슷했나요? 그가 나만을 위해 존재하고 나만을 위해 마음을 쓰고 나만을 돕는다는 사실을 생각하면 기분이 어떤가요?

_____

_____

_____

_____

_____

메이슨은 자신을 위한 친절 활동가의 이미지를 만들었습니다. 친절하고 힘을 주는 안내자의 이미지가 도움이 되었지요. 알렉스는 한 가지 이미지로 마음을 정하지 못했지만 마음이 환해지는 느낌을 받았습니다. 덕분에 강하고 당당한 기분이 들었지요. 카터는 자신이 나이 들어 현명해진 모습을 상상했습니다. 그러자 모든 것이 잘되리라는 느낌에 마음이 편안해졌습니다. 상상한 이미지에 '현명한 카터'라는 이름을 붙이자 슬며시 웃음이 나왔습니다. 말리아는 누군가 자신의 옆에서 어깨에 손을 얹고 있는 듯한 느낌이 들었습니다. 귓가에 "너는 할 수 있어"라고 말하는 소리가 들렸고 말리아는 그 목소리가 할머니랑 비슷하다고 생각했습니다. 덕분에 다음 날 있을 심리학 시험에 자신이 생겼습니다.

- 활동을 해 나가면서 나에게 친절하고 힘이 되는 이 존재를 뭐라고 부를지 생각해 봅니다.
- 용기나 격려가 필요할 때 다시 이 활동을 해 보는 것은 어떨까요? 내가 고양이라면 나의 내면에서 사자를 끌어낼 수 있을지도 몰라요! 기분 좋은 하루를 보낸 날이나 화가 나거나 불안하거나 속상한 날 이 활동을 다시 되풀이해 보면 어떨까요? 주변 사람들로 팀을 구성하는 것도 좋은 방법입니다. 함께하면 화가 누그러지고, 나를 판단하지 않아 안심되는 누군가라면 도움이 될 거예요.
- 필립 풀먼 작가의 《황금나침반》 시리즈에서 등장인물들은 내면의 자아를 나타내는 '데몬'이라는 동물과 함께합니다. 데몬은 지성 있고 독립적이며 자신의 '인간'이 삶의 목적을 달성하도록 돕고 함께 즐겁게 지내기도 합니다. 여러분도 자신에게 도움이 될 만한 데몬의 이미지를 만들면 어떨까요?

마치기 전에, 잠시 무엇이 유익했는지 돌아봅니다. 도움이 되어 다시 해 봐야겠다고 생각한 활동은 무엇인가요?

_____

_____

_____

_____

_____

나의 친절 상자

3부를 시작하기 전에 잠시 나의 친절 상자에 무엇을 넣으면 좋을지 생각해 봅니다. 내가 만들어 낸 고요하거나 평화롭거나 느긋해지거나 안심이 되는 장소를 그림으로 그려도 좋겠지요. 나를 아끼고 응원하는 상상 속 (누군가나 어떤 동물이나 자연의 일부 같은) 존재의 이미지를 넣어도 좋을 거예요. 고요하거나 평화롭거나 느긋해지나 안심이 되는 장소를 떠올리는 데 참고한 사진이나 글귀를 복사해 넣을 수도 있습니다. 꾸준히 운동해 근육을 키우듯 책에서 소개하는 활동을 성실히 하면 나의 삶이 더욱 건강해질 거예요.

3부는 생리 기능(우리의 신체, 신체 감각), 감정, 생각, 행동,
이 4가지에 초점을 맞춘 4개의 장으로 이루어져 있어요.

3부

다독다독
나의 몸과 마음
돌보기

3부에서는 용어 몇 가지를 정해 두고 자주 사용할 텐데, 여러분은 다른 단어를 사용하고 싶을 수도 있어요. 예컨대, 감정이라는 단어 대신 느낌이라는 단어를, 행동이라는 단어보다 동작이라는 단어를 좋아할 수 있겠지요. 뭐라고 불러도 상관없어요. 생리 기능, 감정, 생각, 행동, 이 네 가지 요소는 우리 삶을 구성하는 데 매우 중요한 역할을 하면서 서로 상호 작용을 합니다.

하나씩 자세히 살펴보기 전에 먼저 제스가 처한 상황을 알아볼게요. 이번 장을 읽어 나가는 데 도움이 되는 장면이랍니다.

> 사례
>
> 제스는 단짝 친구에게서 연말 파티 초대 문자를 받았습니다.
> 문자를 확인하자 제스는 갑자기 불안하고 걱정되기 시작했습니다.

제스의 경험을 다양한 측면에서 살펴볼게요.

- **생리 기능** : 심장이 빨리 뛰고 메스껍고 입맛이 뚝 떨어졌습니다.
- **감정** : 불안하고 조금 두려웠습니다.
- **생각** : '맙소사, 거기 가서 사람들한테 뭐라고 말해야 할지 생각이 나지 않으면 어떡하지?' '말을 더듬거나 얼굴이 빨개지면 어쩌지?' '놓치고 싶지 않은 모임이라 가고 싶기는 한데…. 아무도 나를 좋아하지 않으면 어떡해?'라고 생각했습니다.

- **행동** : 그 자리에서 얼어붙었고 시간이 정지된 느낌이 들었으며 재빨리 핑계를 대고 그냥 집에 있고 싶다는 충동이 일었습니다.

아래의 그림에서 생리 기능, 감정, 생각, 행동이 어떻게 상호 작용 하는지 볼 수 있습니다.

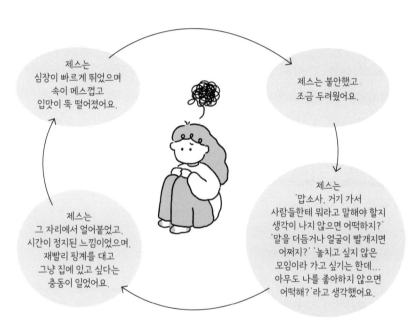

제스는 심장이 빠르게 뛰었으며 속이 메스껍고 입맛이 뚝 떨어졌어요.

제스는 불안했고 조금 두려웠어요.

제스는 '맙소사, 거기 가서 사람들한테 뭐라고 말해야 할지 생각이 나지 않으면 어떡하지?' '말을 더듬거나 얼굴이 빨개지면 어쩌지?' '놓치고 싶지 않은 모임이라 가고 싶기는 한데... 아무도 나를 좋아하지 않으면 어떡해?'라고 생각었어요.

제스는 그 자리에서 얼어붙었고, 시간이 정지된 느낌이었으며, 재빨리 핑계를 대고 그냥 집에 있고 싶다는 충동이 일었어요.

기분이나 상황이 썩 좋지 않아 힘들 때, 각각 다르지만 서로 관련된 영역에 집중하면 긍정적으로 개선할 수 있는 좋은 아이디어를 얻을 수 있습니다. 앞으로 이어질 장에서는 삶을 긍정적이고 행복하게 사는 데 도움이 되는 기술과 전략을 다룰 거예요.

나의 감정 알아차리기

감정이 없는 삶을 상상해 보세요. 지금과 엄청나게 다르겠지요. 없으면 좋겠다 싶은 감정도 있고 더 많으면 좋겠다 싶은 감정도 있을 거예요. 사실 감정은 우리 삶에서 매우 중요해요. 그러니 우리의 일부로 받아들여야 하지요. 감사하게도 우리는 감정을 온전히 이해하고 통제할 수 있답니다.

감정은 그날그날 영향을 끼치고, 우리의 생각과 행동과 신체 감각과 마음속에 떠오르는 기억에도 영향을 줍니다. 내가 느끼는 감정이 어떤 감정인지 알아차리고 이름 붙이는 것만으로도 우리의 행복에 크게 기여한답니다. 시작하기 전에 다음과 같은 것들을 파악해 두면 좋아요.

1. 우리 몸이 특정한 방식으로 반응하는 이유
2. 어떤 생각이 마음에 넘치는 이유
3. 우리가 특정한 방식으로 행동하는 이유

무엇이 '반가운' 또는 '반갑지 않은' 감정을 유발하는지 알아차리면 그런 감정이 우리를 방해하는 대신 우리 편이 되도록 할 수 있습니다.

감정에 이름 붙이기

우리의 감정이 셀 수 없이 다양하고 빠르게 변한다는 사실은 정말 놀랍습니다. 소셜 미디어에서 부정적인 댓글을 읽으면 슬프지만 같은 날 등수가 오른 성적표를 받으면 기쁘고 행복하겠지요. 우리는 처한 상황에 따라 각각 다른 감정을 경험합니다. 아래의 표와 꿀팁 상자를 참고해 보세요.

위험에 처하거나 압박감을 느낄 때 우리가 느끼는 감정은	뭔가 해냈을 때 우리가 느끼는 감정은	안전하고 만족스러울 때 우리가 느끼는 감정은	상실을 경험했을 때 우리가 느끼는 감정은	자기 행동이 틀렸다고 생각될 때 우리가 느끼는 감정은	지긋지긋하고 싫은 것을 경험할 때 우리가 느끼는 감정은
불안 두려움 분노 좌절감	**즐거움 신남 행복 자랑스러움**	**차분함 평화로움 느긋함 편안함**	**슬픔 울컥함 외로움 절망감**	**창피함 자책감 당혹감 민망함**	**혐오감 불쾌함 거북함**

꿀팁

- 이런 감정들을 아주 잘 알아차리는 사람이 있는 반면, 감정을 알아차리고 이름 붙이는 일을 힘들어하는 사람도 있습니다. 내가 그런 경우라면 자라는 동안 감정에 주의를 기울이지 않았거나 특정한 감정을 경험할 기회가 적었기 때문일 수 있어요.
- '긍정적인' 감정과 '힘든' 감정 모두에 주의를 기울이면 그런 감정들이 신체와 생각과 행동에 어떤 영향을 미치는지 이해하는 데 도움이 됩니다. 감정이 일어나는 계기와 감정에 영향을 주는 원인을 아는 것도 도움이 되지요.
- 힘든 상황을 피하거나, 약물을 사용하거나, 과식하거나, 게임이나 도박이나 쇼핑에 빠지는 식으로 나도 모르는 사이에 힘든 감정을 축소하거나 무시하기 쉽습니다.
- 감정과 생각은 하나의 경험으로 합쳐질 때가 많아요. 하지만 그 두 가지를 구분하면 도움이 되지요. 감정은 대개 한 단어(행복, 두려움, 분노)로 설명되는 반면, 생각은 훨씬 길게 설명해야 하는 경우가 많아요. 이를테면 '나는 쓰레기야'라거나, '그 사람들은 나를 좋아하지 않아'라거나, '이거 정말 놀랍다!'라는 식으로 말이지요.

과학적 근거

연구자들은 감정에 이름을 붙이는 행위가 우리의 감정을 관리하고 전환하는 데 가장 효과적인 방법이라는 사실을 알아냈습니다. 실험에서 거미 공포증이 있는 학생들을 네 그룹으로 나눈 다음, 각 그룹의 학생들에게 타란툴라 거미를 담은 그릇에 가까이 가서 그릇을 만져 보라고 했어요. (거미 공포증이 없는 사람들에게는 힘든 일이 아니겠지요!) 실험에 참여하는 동안 각 그룹의 학생들은 서로 다른 지시사항을 들었습니다.

1번 그룹은 타란툴라 근처에 있는 기분을 묘사하고 그때 느낀 감정에 이름을 붙이라는 지시를 받았습니다. 예를 들어, '나는 커다랗고 털이 숭숭 난 거미가 너무 무서웠다'라거나 '나는 흉측하고 무시무시한 거미 근처에 가자 너무 불안했다'라는 식으로요.	**2번 그룹**은 덜 두려워하라는 지시를 받았고 자신이 느낀 두려움이나 혐오감을 표현하지 말라는 말을 들었습니다. 이 그룹의 학생들은 "거미는 그릇 안에 있으니 나를 해칠 수 없다"와 같은 말을 했습니다.	**3번 그룹**은 거미와 상관없는 말을 하라는 지시를 받았습니다.	**4번 그룹**은 거미를 봤지만 그 상황에 대해 아무런 지시도 받지 않았습니다.

일주일 뒤, 학생들은 다시 한번 타란툴라 거미 가까이에 다가가 보라고 지시받았고, 가능하다면 손가락으로 만져 보라는 요구도 받았습니다. 그 결과 1번 그룹 학생들은 다른 그룹의 학생들보다 덜 두려워하는 모습을 보였지요. 이런 결과는 감정에 이름을 짓는 행동 혹은 감정을 표현하는 행동이 힘든 상황을 관리하는 데 어떤 식으로 도움이 되는지 보여 줍니다.

감정 예측하기

다양한 상황에서 어떤 감정을 느낄지 예측해 보면 감정을 알아차리고 이름 짓기가 한결 쉽게 느껴질 수 있어요. 각 상황을 읽고 다음의 활동지 빈칸에 답을 적어 보세요.

'들어가며'에서 말했듯 간단히 훑어보기만 하고 넘어가고 싶은 부분도 있을 거예요. 가령 감정, 감정의 이름, 감정이 나에게 미치는 영향에 관해 이미 잘 알 수도 있지요. 그런 경우라면 자료들을 간단히 살펴보거나 가볍게 훑는 것도 괜찮습니다.

만약 ~하다면 어떤 기분일까?

❀ 좋아하는 가수의 공연을 보러 가거나 응원하는 팀이 승리했습니다.

❀ 거리에서 아픈 사람을 보았습니다.

❀ 소중하게 생각하는 사람이 내 생일을 잊어버렸습니다.

❀ 누군가 따라온다는 생각이 듭니다.

❀ 좋아하는 옷에 얼룩이 생겼습니다.

🍀 중요한 약속에 늦었습니다.

🍀 성적이 올랐습니다.

🍀 좋아하는 상대가 만나자고 했습니다.

🍀 원하던 동아리에 들어가지 못했습니다.

🍀 오랫동안 가고 싶어 하던 장소에 갔습니다.

무엇을 알게 되었나요? 각 상황에서 어떤 감정을 느낄지 예상하는 일이 쉬웠나요, 어려웠나요?

_____

_____

_____

 친구가 아파서 내 생일을 놓쳤다는 사실을 알게 되면, 다른 친구들과 어울리다가 내 생일을 잊어버린 것과는 완전히 다른 감정이 들 거예요. 이런 내용을 인식하는 일은 중요합니다. 우리의 감정은 우리가 건네받은 정보에 영향을 받을 때가 많기 때문이지요.

감정 알아차리고 살펴보기

우리가 수없이 다양한 감정들을 느낀다는 것은 놀랍기 그지없습니다. 감정은 마치 고풍스러운 사탕 가게에 줄줄이 놓인 사탕 같지요. 맛도 향도 다양해서 골라 먹는 재미가 있으니까요. (그중에는 피하고 싶은 것들도 물론 있지요!) 긍정적인 감정은 증폭시키고 힘든 감정은 최소화하기 위해 거쳐야 할 중요한 단계는 다양한 감정을 경험할 때 그것이 어떤 감정인지 알아차리는 것입니다. 감정에 주의를 기울이면 가능합니다. 내가 일상생활 속 감정의 역할을 조사하는 탐정이라고 상상해 보세요. 감정의 비밀을 파헤치면 정신을 건강하게 해 줄 여러 통로를 발견하게 될 거예요.

내가 느끼는 감정이 무엇인지 확인하고 살펴보면 다음의 것들을 이해할 수 있습니다.

1. 특정한 감정을 느낄 때 몸에서 일어나는 변화를 이해할 수 있어요. (심장 박동 수가 달라지거나 손바닥에 땀이 나거나 목소리가 떨리거나 속이 울렁거리기도 해요.)

2. 특정한 감정을 얼마나 자주 느끼는지, 그 감정은 무엇과 연결되는지 알 수 있어요. (나는 분노, 기쁨, 불안, 슬픔, 행복 등의 감정을 다른 감정보다 더 자주 느낄지도 몰라요.) 단짝 친구와 있을 때는 늘 행복하지만 언니나 누나 혹은 남동생이나 여동생과 함께 있을 때는 화나거나 못마땅할 수도 있답니다!

3. 감정이 머릿속에 떠오르는 다양한 생각과 어떤 관계가 있는지 이해할 수 있어요. ('어떻게 대처해야 할지 모르겠어.' '정말 행복해.' '이건 못 하겠다.')

4. 감정이 어떤 행동의 원인이 된다는 점을 이해할 수 있어요. (불안해서 숨어 버리거나, 두려워서 어떤 상황을 피하거나 도망가기도 하고, 행복한 기분에 친구에게 연락해 재미있는 일을 하자고 제안하기도 해요.)

'나의 감정' 활동지를 완성해 보세요. 첫 줄에는 내가 일주일 동안 경험하는 감정을 적어 넣습니다. 두 번째, 세 번째, 네 번째 줄에는 그런 감정이 생긴 까닭이 무엇인지, 신체 어느 부분에서 감각이 달라졌다고 느꼈는지, 그 감정에 어떻게 반응했는지 적습니다. 이 책 뒷부분에서 우리는 감정을 다루고, 표현하는 방법과 행동을 바꾸는 방법, 생각의 함정에 관해 다룰 거예요. 지금은 감정을 경험할 때 어떤 일이 일어나는지, 감정이 무엇을 하거나 하지 못하도록 막고 있지는 않은지 살펴보려고 해요.

빈칸을 채워 넣을 때 다음을 참고해 보세요.

- 특별한 감정이 느껴질 때면 언제든지 기록해요.
- 하루를 마치면서 정리하면 좋아요.
- 스마트폰을 이용해도 좋아요.

나의 감정

분노   두려움   불안   역겨움   기쁨   자부심   편안함   슬픔   창피함   죄책감   행복

감정	무엇이 그 감정을 일으켰나요? 누구와 함께 있었나요?	몸에서 어떤 반응이 일어났나요? 뱃속, 머리, 목, 심장, 얼굴 등등에 어떤 감각이 느껴졌나요?	나는 어떻게 반응했나요? 어떤 행동을 했나요 또는 하고 싶었나요? 도망가거나, 숨거나, 때리거나, 울거나, 기뻐서 날뛰거나, 누군가에게 전화하거나 등등

132

나에게 어떤 방법이 효과적인지 살펴보세요. 한 주간 특별한 사건 사고가 없었거나 내 감정을 좀 더 오래 관찰하는 편이 도움이 된다면 그렇게 해도 좋습니다. 132쪽의 활동지를 변형해서 활용해도 좋아요.

 또 어떤 것을 발견했나요? 다른 감정보다 자주, 또는 덜 경험한 감정이 있나요? 만약 힘든 감정이었다면 마음을 진정하는 데 무엇이 도움이 되었나요? 감정을 누구에게 털어놓았나요?

_____

_____

_____

몇몇 상황에서 여러분은 여러 감정을 동시에 느꼈다는 사실을 깨달을 수도 있어요. 그건 매우 일반적인 일로, 다음 페이지에서 집중할 내용이기도 해요. 좀 더 자세히 살펴볼게요.

여러 감정을 한꺼번에 경험하기

가끔은 여러 감정이 한데 섞여 복잡한 느낌이 들 때도 있습니다. 가령 데이트하거나, 새로운 일을 시작하거나, 고등학교 졸업과 대학 진학을 앞두고 있다면 들뜨고 불안하고 두렵고 슬픈 감정을 한꺼번에 느낄 수 있습니다. 모두 지극히 당연하지만 미처 알아채지 못한 감정들은 우리를 지배하거나 특정한 행동을 하게 하기도 (또는 해야 할 행동을 하지 않게 하기도) 합니다. 엘라의 이야기를 읽어 보세요.

7장 나의 감정 알아차리기

엘라는 축제 공연 티켓을 손에 넣은 뒤, 좋아하는 밴드 공연을 보며 친구들과 어울
릴 생각에 한껏 들떠서 6개월을 보냈습니다. 축제가 열리는 주말을 일주일 앞두고
엘라는 들뜬 기분이 갑자기 불안으로 바뀌었어요. (조금은 두렵기까지 했어요.)
엘라는 사람들이 많은 곳을 좋아하지 않기 때문에 축제에 가야 할지 말아야 할
지 고민되었지요. 배낭에 침낭을 넣으면서 엘라는 다른 감정들도 느꼈습니다.

엘라의 상황 : 친구들과 축제에 가기

엘라는 둘 중 한 가지를 선택할 수 있습니다.

1. 불안하고, 두렵고, 확신이 없는 감정을 따라 행동한다면 엘라는 축제
   에 가지 않을 테고, 시간이 지나 자신의 결정을 후회할지도 모릅니다.

2. 축제를 기다리면서 경험한 들뜨고 행복한 감정을 떠올리면서, 힘든 일
   을 마주할 때 위축되거나 한꺼번에 여러 가지 감정을 느끼는 일은 정
   상적인 반응이라고 자신을 다독입니다. 그러면 축제에 가기로 결심하는 데 도움이 되겠지요.

여러분은 여러 가지 감정이 뒤죽박죽 섞였던 경험이 있나요? '나의 경험' 활동지에서 적당한 예를 찾을 수 있을 거예요. 그런 상황이 떠오른다면 그때 느낀 감정들을 아래 그림에 채워 넣어 보세요.

work sheet **나의 경험**

 나의 감정은 행동에 어떤 영향을 미쳤나요? 나는 힘든 감정과 신체 감각 때문에 어떤 상황을 피했나요?

불편한 감정을 느꼈지만 그 상황을 마주했다면, 무엇이 도움이 되었나요?

만약 어떤 감정 탓에 후회되는 행동을 했더라도 걱정하지 마세요. 다음 장에서 그런 상황을 어떻게 다룰지 살펴볼 거예요. 지금은 나의 감정이 행동에 어떤 영향을 미치는지 살펴보는 것으로 충분해요.

감정 학습에 영향을 주는 것

이번 장을 읽다 보면 나는 왜 이런 식이고 어째서 그렇게 느끼는지 궁금할 거예요. 우리 삶의 다른 영역처럼 우리는 다양한 방식으로 감정을 배운답니다. 부모, 양육자, 역할 모델, 친구들, 가족, 선생님 등은 우리가 알아차리는 감정의 양, 감정을 설명하기 위해 사용하는 단어, 감정을 표현하는 방식에 영향을 줍니다. 그 밖에도 책, 영화, 잡지, 소셜 미디어, 노랫말, 인터넷 등등에서 메시지를 받아들이기도 하지요. 학교에서 들은 감정에 관한 수업도 영향을 끼쳤을 거예요.

어린 시절 슬퍼하거나 울고 있는데 누군가 "애처럼 굴지 마"라고 하거나, 화가 났는데 "정신 좀 차려" 같은 말을 했다고 상상해 보세요. 그런 말을 들은 사람은 어떤 영향을 받을까요? 또 잔뜩 신이 났는데 "너무 앞서가지 마"라거나 "김칫국부터 마시면 안 된다"라는 말을 들었다면 어떨까요? 그런 말은 어떤 영향을 미칠까요?

_____

_____

_____

_____

그런 상황을 계속 경험하다 보면 내가 느낀 감정을 표현하는 데 어려움을 겪거나 어떤 감정은 표현하면 안 된다고 생각하며 자랄 가능성이 크답니다.

감정 표현하기

다음 장에서는 감정을 관리하고 표현하는 데 집중할 테지만, 지금은 초반에 목표한 대로 '감정을 표현할 권리'를 살펴보겠습니다.

내가 파티를 열고 친구들을 초대했다고 상상해 보세요. 친구들은 모두 꼭 오겠다고 했지요. 약속한 날 초대한 친구 한 명이 아무런 설명도 없이 못 오겠다는 문자를 보냈습니다. 나는 기분이 어떨까요? 신경 쓰이지 않을 수도 있지만 약속을 깬 친구와 가까운 사이라면 화나고 실망하고 슬플 거예요. (이 중 한 가지 감정만 경험할 수도 있고, 한꺼번에 다 느낄 수도 있어요.) 특히 친구들과 함께 보낼 시간을 고대했다면 더욱 그렇겠지요. 어쩌면 이런 궁금증이 생길지도 몰라요.

'혹시 더 좋은 곳에 초대받았나?'
'내가 뭔가 화나게 한 건 아닐까?'

물론 성급하게 판단할 수도 있고, 그럴듯한 변명 탓에 마음이 상할지도 모릅니다. 어떤 식으로 반응하건 힘든 감정이 남는다면, 차라리 친구에게 솔직한 감정을 표현하는 편이 도움이 될 거예요. 여기서 핵심은 나에게는 감정을 표현할 권리가 있다는 사실을 기억하고 상대방에 대한 판단 없이 감정만 드러내야 한다는 점이에요. 나는 친구에게 무슨 일이 있는지 모릅니다. 피할 수 없는 일이 생겼거나 사람이 많이 모인 곳에 가려니 겁이 났을지도 모르잖아요!

친구에게 이렇게 말해 보는 거예요.

"약속 직전에 못 오겠다고 하니까 좀 속상하기도 하고 서운해."
"너랑 같이 시간 보낼 생각에 내가 기대를 많이 했는지 좀 슬프다."

감정을 확인하고, 다스리고, 전환하고, 표현할 방법은 다음 장에서 살펴볼 거예요.

나의 친절 상자

마지막으로 나의 친절 상자에 넣을 것을 생각해 봅니다. 내 감정을 알아차리고 이름 붙일 시간을 내야 한다는 점을 떠올리게 해 줄 만한 게 뭐가 있을까요? '나의 감정' 활동지를 넣으면 어떨까요? 나만의 이모티콘을 만들어서 넣으면 어떨까요? 다양한 감정을 경험할 때 얻을 수 있는 이점을 정리해 넣을 수 있을까요? 감당하기 힘든 감정도 있지만, 감정이 없다면 인생은 초라해질 거예요. 격언이나 노래 가사나 격려의 글귀가 도움이 될 수도 있어요. 여기 몇 가지를 소개해 볼게요.

'어둠이 없다면 별은 빛나지 않습니다.'

– D. H. 사이드바텀

'용기가 항상 포효하는 것은 아닙니다. 가끔은 하루를 마무리할 때
작은 목소리로 내일 다시 해 보자고 말하기도 한답니다.'

– 메리 앤 래드마커

8장
감정을 다스리고 잘 표현하기

감정은 우리 삶에 다양한 방식으로 영향을 주기 때문에 이번 장에서도 계속 감정에 집중할 거예요. 감정을 우리 삶에서 바뀌지 않는 부분으로 여기기보다 우리가 어느 정도 영향을 미칠 수 있는 경험들로 보는 것이 좋아요. 면접을 앞두고 행복감을 느끼거나 반려동물이 아픈데 즐거울 수는 없겠지요. 하지만 우리가 느끼는 감정을 다스리고 처리할 수 있어요. 힘든 감정을 (회피하는 대신) 받아들이고, 긍정적인 감정은 증폭시키고, 감당하기 어려운 감정은 완화하고, 우리가 휘둘릴지도 모르는 감정은 표출하는 식으로 말이에요. 이번 장에서 그런 방법을 살펴볼 거예요.

> 이번 장에서 우리는
> - 음악, 미술, 글쓰기가 감정을 관리하고 표현하는 데 어떤 도움을 주는지 살펴볼 거예요.
> - 좋은 것들에 주의를 기울이는 활동이 건강한 삶에 어떤 도움이 되는지 알아볼 거예요.
> - 감정을 관리하고 표현하기 위해 영상 일기를 만들어 보아요.
> - 힘든 감정을 겪을 때 도움이 될 만한 아이디어를 모아 마인드맵을 만들 거예요.
> - 친절 상자에 무엇을 넣을지 생각해 보아요.

많은 사람들이 창의력을 발휘해 감정을 관리하고 표현합니다. 먼저 음악이 어떤 방식으로 도움이 되는지 살펴볼게요.

음악의 힘 활용하기

어떤 음악을 들으면 편안해지고 즐겁기도 하며 감정이 북받치거나 의욕이 솟기도 한다는 사실을 이미 알고 있을 거예요. 영화 제작자는 음악을 활용해 인상적인 효과를 연출하기도 하고, 두렵거나 낭만적이거나 희망적이거나 감성이 폭발하는 장면에서 음악을 사용해 관객들에게 폭넓은 감정을 불러일으키게도 해요. 공포 영화를 볼기회가 있다면 몇 초가량 음량을 낮추고 영화를 감상하면 느낌이 어떻게 달라지는지 살펴보세요.

중요한 경기를 앞둔 운동선수들이나 공연을 준비하는 배우들도 음악을 자주 활용합니다. 음악은 동기 부여를 돕고, 좋은 성과를 내거나 감정을 풍부하게 해 주며, 불안을 관리하는 데에도 유용하지요. 여러분도 경기를 앞둔 스포츠 스타들이 경기장에 들어서면서 헤드폰을 쓰고 '몰입 중'인 모습을 봤을 거예요.

음악은 저마다의 취향이 있답니다. 친구가 편안하다거나 감동적이라거나 동기 부여가 된다거나 차분해진다거나 즐겁다고 생각하는 음악이 나를 위로해 주거나 무대 위로 뛰어 올라 최신 댄스를 출 만큼 좋지 않을 수도 있다는 점을 기억하세요!

기분이 나아지고, 편안해지며, 차분히 감정을 마주하고 표현하게 해 주는 플레이리스트를 만들어 두면 도움이 된답니다. '음악과 나' 활동지를 살펴보고 나만의 상황별 플레이리스트를 만들어 보세요. 활동지 아래쪽 공간에 나만의 아이디어를 기록해 봐도 좋아요. 예를 들어, 아침에 일어나는 데 도움이 되는 플레이리스트를 만들거나 큰 소리로 따라 부르면서 좌절감이나 분노를 날려 버릴 플레이리스트를 추가해도 좋겠지요!

음악과 나

🎵 슬플 때 위로가 되는 음악

🎵 행복할 때 듣고 싶은 음악

🎵 불안할 때 도움이 되는 음악

🎵 화날 때 도움이 되는 음악

🎵 자신감을 북돋워 주는 음악

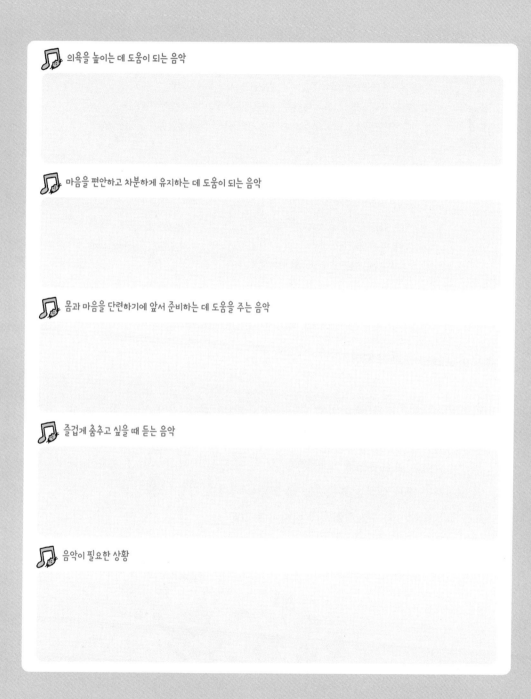

♪♪ 의욕을 높이는 데 도움이 되는 음악

♪♪ 마음을 편안하고 차분하게 유지하는 데 도움이 되는 음악

♪♪ 몸과 마음을 단련하기에 앞서 준비하는 데 도움을 주는 음악

♪♪ 즐겁게 춤추고 싶을 때 듣는 음악

♪♪ 음악이 필요한 상황

- 춤과 노래는 기분을 좋게 하는 호르몬 분비를 늘려 기분 전환에 도움이 되고, 긴장과 불안을 줄이는 데에도 좋습니다. 운동을 할 때도 유용하지요.
- 악기를 연주하거나 밴드에 들어가거나 악기를 배우는 일 역시 행복지수를 높여 줍니다. 음악은 자기 표현, 팀워크, 기억력, 사회성을 높이고 불안을 다스리는 데에도 도움이 됩니다.
- 음악에 관심이 없더라도 악기 연주는 스트레스를 줄여 주는 즐거운 활동이랍니다. (갑자기 드럼을 배우겠다고 하면 함께 사는 가족이나 이웃이 싫어할 수도 있겠지만요!)
- 음악은 다른 사람들과 소통하는 데에도 유용합니다. 친구와 음악을 듣거나, 학원이나 문화 센터에 음악 관련 수업이나 댄스 수업이 있는지 확인해서 참여하면 다른 사람과 관계를 맺고 소통할 수도 있지요.

미술 활동으로 감정 표현하기

그림 그리기, 사진 찍기, 예술 작품 만들기(팔찌, 티셔츠 디자인하기) 같은 활동을 하면 기분이 나아지고, 편안해지며, 차분히 감정을 마주하고 표현할 수 있어요. 파도에 쓸려 해변에 올라온 물건, 나뭇잎, 나뭇가지, 모래, 찰흙 등의 자연 재료를 활용해 작품을 만드는 활동 역시 감정을 표현하는 데 도움이 되지요. 미술 작업은 몸과 마음의 감정을 종이나 캔버스 위에 표현하기에 제격이랍니다.

- 좋은 경험을 표현하기 위해 산을 그린다거나 힘든 시간을 표현하기 위해 골짜기를 그리는 등 창의적인 방식으로 나의 감정을 표현하세요.
- 가끔은 바다 한가운데에서 길을 잃은 듯 막막할 때도 있을 거예요. 그럴 때 나를 안내해 줄 상징적인 이미지로 등대를 그리거나 여러 재료로 다양하게 표현해 보는 것은 어떨까요.
- 음악을 들으면서 그림을 그려 보세요. 그럴 때 어떤 느낌인지 살펴보는 거예요.
- 내가 만든 작품을 너무 비판적으로 바라보지 마세요. 완벽할 필요는 없어요. 오직 나만을 위한 작품이니까요.

감정을 표현하는 데 어떤 미술 활동이 유용했나요? 그림 그리기나 뭔가를 만드는 활동이 싫다면 사진을 찍어서 감정을 표현해 보는 것은 어떨까요?

오랜 연구를 통해 우리의 좌뇌가 생각하는 능력을 맡고 있으며 분석과 언어와 비판을 담당한다는 점을 밝혀냈어요. 우뇌는 비언어적이고 창의적이며 직관적인 부분을 담당하지요. 일부 연구자들은 또한 창의적인 활동을 하면 양쪽 뇌가 힘을 합치는데, 덕분에 감정을 표현하고 조절하는 데에도 도움이 된다는 사실을 알아냈지요.

이 밖에도 노랫말을 짓고 음악을 만들고 시를 쓰면 기분이 나아지고 편안해지며 차분히 감정을 마주하고 표현할 수 있답니다. 한번 살펴볼게요.

글쓰기로 감정 표현하기

    일기나 에세이를 쓰는 등 글로 나를 표현해 보고 싶을 수도 있어요. 어떤 사람은 "나는 왜 글을 쓰려고 하는 걸까요? 그래 봐야 기분만 더 나빠지는데 말이에요"라고 말합니다. 어떤 면에서는 옳은 말이지요. 하지만 넓게 보면 나의 감정을 글로 표현하는 행동은 감정을 피하거나 무감각하게 넘겨 버리지 않겠다는 뜻이기도 해요. 글쓰기나 일기 쓰기를 좋아하지 않는다면 미술 활동으로 대신 해도 좋아요.

글쓰기가 도움이 되는 이유

1. 글쓰기는 머릿속의 불안과 걱정을 종이 위로 꺼내 원인이나 의미를 파악하는 데 도움이 됩니다.
2. 연구에 따르면 글쓰기는 나의 감정을 깨닫고, 인정하고, 돌아보는 데 도움이 된다는 점에서 유용하고 강력한 도구입니다.
3. 시나 가사 쓰기는 감정을 표현하는 데 도움이 됩니다.
4. 글쓰기에는 치유 효과가 있습니다.
5. 글쓰기는 힘들었던 경험을 돌아보고 감정을 확인하며 나를 이해하고 친절하게 대할 기회를 제공합니다.
6. 긍정적인 기억과 감사한 일을 글로 표현하면 기분이 좋아집니다.

3~4일 정도 매일 10~15분 시간을 내서 나를 불안하게 하거나 고통스럽게 했던 문제에 관해 자유롭게 적어 봅니다. 글이 완벽할 필요는 없어요. 글씨나 맞춤법에 대해 걱정하지 마세요. 목표는 내가 느낀 감정에 관해 친절하고 다정하게 쓰는 것이랍니다. 타일러의 이야기를 한번 살펴볼게요.

사례 타일러의 엄마는 다른 도시로 직장을 옮기게 되었어요. 그래서 가족이 이사를 가게 되었지요. 타일러는 엄마에겐 잘된 일이라고 생각했지만 슬픈 마음을 감추기 힘들었어요. 이사 가서 전학하면 친구들을 볼 수 없기 때문이었지요.

타일러는 자신의 감정을 확인하고 다음과 같이 썼습니다.

이해는 가지만 슬프다. 친구들을 떠나 이사 가는 일도, 새로운 학교에서 새 친구들을 사귀어야 하는 일도 싫다. 낯선 사람들을 만나면 긴장된다….
지금 친구들과 신뢰를 쌓고 편안한 사이가 되기까지 얼마나 오래 걸렸는지 모른다.
그런데 이사를 가야 하다니.

감정을 솔직히 적었다면, 나에게 질문해 보세요. '친구가 나와 비슷한 상황에 부딪혔다면 뭐라고 말해 주면 좋을까?'라고요. 타일러는 이렇게 썼습니다.

친구에게 이런 일이 벌어졌다면, 이사를 해야 하다니 정말 슬프겠다고 말해 주겠다.
하지만 새로운 경험도 할 테니까 신이 날 거라는 얘기도 해 주겠다.
또 화상 통화를 하거나 전화로 연락하자고 할 것 같다.

슬픈 기분은 여전했지만 감정을 글로 적고 나자 타일러는 기분이 조금 나아졌어요. 타일러는 다음과 같이 결론지었습니다.

내가 슬픈 것은 당연하다. 다른 사람도 나 같은 처지에 있다면 똑같이 슬플 것이다.
엄마와 아빠도 내가 얼마나 슬픈지 아신다. 이사 가는 일은 괴롭지만 적응하고 나면
다른 감정을 느끼겠지…. 이 슬픔도 사라질 것이다. ♡

8장 감정을 다스리고 잘 표현하기

147

여러분도 쓰고 싶은 이야기가 있나요? 아래 활동지에 적어 보세요. 그런 다음 어떤 감정이 드는지 살펴보세요.

글쓰기로 긍정적인 감정 쌓아 가기

하루를 정리하는 밤 시간에는 잘 풀리지 않은 일이나 앞으로 걱정되는 일이 쉽게 떠오른답니다.

 우리는 긍정적인 부분보다 위협으로 느껴지는 부분에 본능적으로 주의를 기울인다는 사실이 여러 연구에서 밝혀졌습니다. 예를 살펴볼게요.

 친구에게 줄 선물을 고르느라 가게를 열 군데 들렀다고 상상해 보세요. 9번째까지는 직원들도 친절하고 상냥했으며 여러 가지 도움을 주었습니다. 하지만 10번째 가게의 직원은 무례하고 무관심한데다 나를 무시했습니다. 집에 돌아와서 나는 어떤 경험을 더 많이 이야기할까요? 물건을 고르는 경험 중 90퍼센트가 긍정적이었더라도 힘들었던 상황을 이야기할 가능성이 커요. 10퍼센트에 불과하지만 우리의 관심은 무의식적으로 부정적인 쪽에 집중되는 경향이 있기 때문입니다. 다행인 점은 우리의 뇌는 오랜 과거 경험 중 긍정적인 부분에 집중을 하는 경향이 있어서 일상 경험에 균형을 잡을 수 있다는 거예요.

 자신이 부정적인 면에 집중한다고 해서 나쁘게 생각하거나 비난할 필요는 없답니다. 우리의 뇌가 그런 식으로 작동하기 때문이라는 사실을 기억하세요. 뇌는 위협적이거나 해가 될지도 모른다고 인식하는 쪽에 주의를 기울이는 경향이 있거든요. 다행스럽게도 그런 경향이 있다는 점을 인지하고 나면, 우리는 주의를 돌려 긍정적이었던 경험에 다시 초점을 맞춰 균형을 잡을 수 있습니다.

부정적인 것에 주의가 집중될 때, (4장에서 했듯이) 부드럽고 친절하게 관심의 초점을 행복하고 즐겁고 감사하다고 느끼는 것으로 옮겨 보세요. 힘들거나 고통스러운 감정을 무시하라는 뜻이 아니에요. 균형을 찾는 데 도움이 되기 때문이지요. 긍정적인

8장 감정을 다스리고 잘 표현하기

느낌과 경험에 관해 글을 쓰는 것도 주의를 옮겨 균형을 찾는 데 도움이 된답니다.

 여러 연구에 따르면 좋은 일과 감사한 일에 주의를 기울이면 건강한 삶에 긍정적인 영향을 줄 수 있다고 해요. 한번 시도해 보면 어떨까요?

세 가지 좋았던 일 기록하기

 일주일 동안 매일 세 가지 좋았던 일을 기록합니다. 잘 해낸 일이나 감사한 일이어도 좋겠지요. 생각해 내기 힘들다면 152쪽의 예시를 참고해 보세요.

 work sheet **세 가지 좋았던 일 기록하기**

요일	첫 번째 좋았던 일	두 번째 좋았던 일	세 번째 좋았던 일
일요일			

월요일			
화요일			
수요일			
목요일			
금요일			
토요일			

일주일 동안 매일 세 가지 좋았던 점을 적어 보니 무엇을 알게 되었나요?

좋았던 일 세 가지를 떠올리기 힘들다면 다음의 예시를 참고해 보세요.

- 긍정적인 피드백을 받았다.
- 다정하고 사려 깊은 문자 메시지를 받았다.
- 반려동물과 즐거운 시간을 보냈다.
- 기분 좋게 산책했다.
- 가족 식사 때 음식이 맛있었다.
- 소중한 사람과 함께 시간을 보냈다.
- 햇살이 좋은 날이나 눈이 내리는 날 밖에서 즐겁게 놀았다.
- 친절한 대접을 받았다.
- 존중받았다.
- 잠을 푹 잤다.
- 칭찬받았다.
- 힘든 하루를 잘 견뎌 냈다.

감정 표현에 도움되는 음성 녹음이나 영상 일기 만들기

안네 프랑크나 넬슨 만델라처럼 유명한 일기를 남긴 사람들에게는 일기를 쓰는 방법이 오로지 펜으로 종이 위에 글을 쓰는 것밖에 없었어요. 반면 우리는 컴퓨터, 음성 녹음, 영상 기록 등 다양한 방법으로 일기를 쓸 수 있어요. 일기는 감정을 표현하고, 새로운 방법으로 나를 알아 가는 데 유용합니다.

힘든 감정을 경험할 때 짧은 동영상을 만들어 그 순간을 남겨 보세요. 스마트폰이나 카메라의 비디오 촬영 기능을 켜고 말하면서 감정을 풀어냅니다. 그만하면 됐다는 생각이 들 때까지 촬영합니다. 촬영을 마쳤으면 천천히 심호흡을 합니다.

일기를 동영상으로 찍거나 녹음해 보니 어떤 느낌이 드나요?

_____

_____

_____

_____

도움이 되었다면, 힘든 감정을 견디고 달래는 연습을 더 해 봅니다. 이 활동은 2부에서 소개한 마음챙김이나 심상 훈련과 마찬가지로 '일상의 구성 요소'를 쌓아 올리는 과정 중 하나랍니다. 친절 상자 속에서 힘이 날 만한 것을 찾아볼 수도 있습니다.

이제 잠시 힘든 시간을 겪는 중인 친구나 가족과 함께 앉아 있다고 상상해 보세요. 내가 만든 동영상 일기나 녹음 일기를 틀고 자신이 아닌 소중한 사람의 이야기를 듣고 있다고 상상하면서 불안, 분노, 우울, 충격, 혐오 등의 감정에 귀를 기울입니다.

 내가 듣거나 본 고통에 어떤 식으로 반응하면 좋을지 친절한 마음으로 깊이 생각해 봅니다. 친구나 가족에게 이야기를 해 줘야 한다면 무슨 말을 하면 좋을까요? 또 무엇을 할 수 있을까요?

_____

_____

_____

마지막으로 잠시 앉아서 나에게 다정하게 이야기합니다. 소중한 사람에게 기울였을 관심과 응원을 나에게도 보내 보세요.

이번 장에서 소개한 아이디어와 『나에게 친절해지는 연습』의 다른 장에서 익힌 아이디어 그리고 지금껏 살아오면서 배운 것들 중에서 기분이 나아지고, 편안해지며, 차분히 감정을 마주하고 잘 표현하는 데 도움이 된 (또는 될 만한) 것은 무엇인가요? 음악, 좋았던 일 세 가지 쓰기, 자연 체험, 미술 활동, 친구나 가족에게 털어놓기, 글쓰기, 운동, 산에 올라 마음껏 소리치기 등 도움이 될 만한 것이 또 있을까요?

 때때로 힘든 감정을 겪을 때 기분이 좋아지거나 평화로워지거나, 느긋해지는 장소에 가는 것이 도움이 됩니다. 정원에 앉아 있거나, 차분하고 평화로운 장소를 마음의 눈으로 그려 보거나 이불 속에서 웅크리거나, 스포츠 행사에 참석하거나 친척 집에 놀러 가거나, 공원 산책하기 등 여러 가지가 있겠지요.

힘든 감정을 느낄 때 도움되는 마인드맵 만들기

아래의 마인드맵은 힘든 감정을 겪을 때 참고하면 도움이 된답니다. 타일러의 마인드맵을 살펴보고 나만의 마인드맵을 만들어 보세요. 이번 장을 읽으면서 적어 둔 내용을 다시 찾아보면 도움이 될 거예요.

타일러의 마인드맵 : 힘든 감정을 느낄 때 도움이 되는 것들

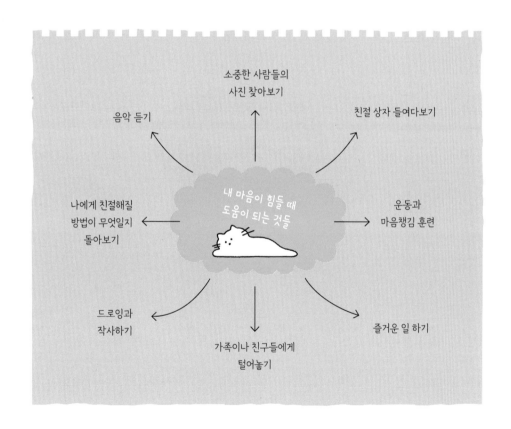

나의 마인드맵

내가 힘든 감정을 느낄 때 도움이 되는 것들

내 마음이 힘들 때
도움이 되는 것들

나의 친절 상자

이번 장을 마무리할 때가 되었습니다. 잠시 나의 친절 상자에 무엇을 넣으면 좋을지 생각하는 시간을 가져 보세요. 어떤 감정은 감당하기 힘들 거예요. 하지만 적절한 전략을 가지고 관리하고 표현한다면 잘 헤쳐 나갈 수 있을 거예요. 나의 친절 상자에 무엇을 넣을 건가요? 힘이 나거나 동기 부여에 도움이 되는 플레이리스트나 노래하고 춤추고 싶은 마음이 드는 플레이리스트는 어떨까요? 내가 찍은 사진이나, 직접 그린 작품을 보관해도 좋겠지요. 노랫말이나 시를 넣어 두면 쓸모가 있지 않을까요? 타일러는 친절 상자에 무엇을 넣었는지 살펴보세요.

타일러는 마음을 편안하게 해 주는 색깔(Color)로 노란색을, 물건(Object)으로 팔찌를, 냄새(Smell)로 바닐라 향을, 음악(Music)으로는 춤추고 싶을 때 듣는 플레이리스트와 동기 부여나 창의력이 필요할 때 듣는 플레이리스트, 마음이 편안해지는 장소와 할머니와 함께 찍은 사진(Image), 특별한 사람에게서 받은 카드(Card)를 친절 상자에 넣었습니다. 타일러는 만에 하나 깜빡할 경우를 대비해서 맨 앞의 알파벳을 따서 C.O.S.M.I.C.이라는 연상 기호를 만들었어요. 덕분에 친절 상자에 넣어 둔 물건을 기억하기가 한결 쉬워졌지요.

다음 장에선 우리가 생각의 함정에 얼마나 빠지기 쉬운지, 생각은 건강한 삶에 어떤 영향을 주는지 알아보려고 해요.

9장

균형 있고 용기를 주는 좋은 생각 퇴우기

우리는 매일 1만 2천 개에서 7만 개가량의 생각을 합니다. (직접 세어 볼 수는 없답니다!) 신나고 건설적이고 힘이 되고 친절하고 평화롭고 연민 가득한 생각을 하지요. 이런 식으로요.

'친구들이랑 놀러 가기로 한 날이 정말 기대돼.'
'에이제이가 요즘 힘든 것 같던데 오늘 밤에 연락해 봐야겠다.'
'내 축구 실력이 진짜 좋아졌어.'
'새로운 알바를 구하다니 내가 정말 자랑스러워.'

또, 다음과 같이 비판적이거나 자신감을 깎아내리거나 걱정스러운 생각을 할 수도 있지요.

'방학 때 놀러 가서 친구들이랑 잘 지내지 못하면 어쩌지?'
'나는 멍청해.' '이거 못 하겠어.'
'새로 들어간 동아리 사람들이 나를 싫어하면 어쩌지?'
'그 여자애는 정말 바보 같아.'

우리의 생각은 감정에 아주 큰 영향을 주고, 행동에도 영향을 끼칩니다. 예를 들어, 비판적이거나 자신감을 깎아내리거나 걱정스러운 생각을 하면,

1. 긴장하거나 공황 상태에 빠지거나 속이 울렁거리고 몸이 떨리거나 심장이 빨리 뛰기도 합니다. (신체 감각)
2. 슬픔, 두려움, 분노를 느낍니다. (감정)
3. 그 상황에서 도망치거나, 사람을 피하거나, 숨어 버리고 싶습니다. (행동)

물론 '내가 오디션에 붙는다면 정말 멋질 거야'라거나 '로또에 당첨된다면 엄청나겠지'와 같이 기분 좋은 생각을 한다면 즐거운 감정을 경험할 가능성이 크지요. (돈을 어디에 쓸지 생각하다 보면 심장이 터질 듯이 뛸 거예요!)

이번 장에서 우리는
- 다양한 형태의 생각과 생각의 함정을 알아차리고, 구분하고, 인정하는 것을 배울 거예요.
- '내 생각과 나' 활동지를 완성할 거예요.
- 나에게 말하는 방식과 친구에게 말하는 방식을 비교해 볼 거예요.
- 균형 있고 용기를 주는 좋은 생각을 알아볼 거예요.
- '생각 균형 잡기' 활동지를 완성할 거예요.
- 힘든 일을 앞두고 있을 때 긍정적인 말이 어떤 도움을 주는지 살펴볼 거예요.
- 힘든 생각을 다루는 데 도움이 되는 마인드맵을 만들 거예요.
- 친절 상자에 무엇을 넣을지 생각해 보아요.

우리가 생각하는 방식은 불안해지거나 화가 나거나 썩 좋지 않은 감정을 불러일으킬 수 있습니다. 하지만 우리는 생각하는 방식을 바꿀 수 있답니다. 생각을 바꾸면

느끼는 감정과 행동하는 방식도 바꿀 수 있겠지요. 생각을 알아차리고 주의 깊게 들여다보는 일이 첫 단계입니다.

새로운 기술을 익히는 데에는 인내와 노력과 친절한 태도가 필요합니다. 나를 친절하게 대해야 한다는 점에 유념하면서 다음 6단계를 밟아 나갑니다.

1. 내 생각 알아차리고 관찰하기
2. 내가 갇힌 생각의 함정 확인하기
3. 내가 말하는 목소리 톤 생각해 보기
4. 나를 가혹하게 판단하고 있지 않은지 살펴보기
5. 균형 잡힌 생각 기르기
6. 창의력 발휘하기

1단계. 내 생각 알아차리고 관찰하기

먼저 내 마음을 차지하고 있는 생각과 마음속 이미지를 알아차리면 도움이 됩니다. '내 생각과 나' 활동지를 사용해 24시간 생각 일지를 작성합니다.

내 생각과 나

언제	어떤 생각이 떠올랐나요? 마음속 이미지를 포착한 것이 있나요?	신체 반응을 경험했나요? 심장이 두근대거나, 손바닥에 땀이 나거나, 입이 바짝 마르거나, 어지러운 증상 등	그 생각 또는 이미지와 함께 어떤 감정을 느꼈나요?	무엇을 했나요? 그 생각과 관련된 행동을 했나요? 생각을 회피하거나 반응했나요?
오전				
오후				
저녁				

- 생각은 종종 문장의 형태로 나타납니다. 예컨대, '내일은 일이 있어'라든가 '나는 멍청이야'라든가 '기차표를 예매해야 해'처럼 말이지요. 그뿐만 아니라 마음속 이미지 형태를 띠기도 합니다. 다른 사람이 나를 어떻게 볼지 생각하면서 특정 장면을 떠올리거나 치과 진료 의자에 앉아 있는 내 모습을 그려 볼 때처럼 말이지요. 따라서 '내 생각과 나' 활동지를 작성하는 동안에도 이미지가 떠오를 거예요.
- 감정, 생리 기능, 행동의 변화를 알아차렸을 때 바로 기록하는 편이 쉬울 거예요.
- 스마트폰에 알람을 설정해 두어도 좋아요. 알람(벨 소리나 노래나 야옹 하는 고양이 소리 등)이 울리면 그때 무엇을 생각하고 있는지 짚어 볼 수 있겠지요.

생각해 봐요

어떤 패턴이나 되풀이되는 생각을 발견하고 놀랐나요? 나나 다른 사람에 관한 이미지, 혹은 힘이 되는 좋은 생각이 떠올랐나요?

비판적이거나, 나를 깎아내리거나, 꼬리에 꼬리를 물거나, 걱정스러운 생각을 확인했다고 해서 걱정하지 마세요. 대부분의 사람들이 그런 생각을 한답니다. 이어지는 활동을 통해 도움을 받을 수 있을 거예요.

2단계. 내가 갇힌 생각의 함정 확인하기

우리는 비판적이거나, 나를 깎아내리거나, 꼬리에 꼬리를 물거나, 걱정스러운 생각에 쉽게 사로잡힙니다. 이런 생각들을 '함정'이라고 부를게요. 한번 시작되면 빠져나오기 어려운 데다가 내 삶에 도움도 안 되기 때문이에요. 이런 생각은 힘든 감정의 연료가 되고 기분에 부정적인 영향을 주며 결국 일이 잘 풀릴 가능성마저 낮춥니다. 이런 생각의 함정을 인식하면 생각과 거리를 두는 데 도움이 된답니다.

164쪽의 활동지를 살펴보고 나는 어떤 생각의 함정에 빠지기 쉬운지 확인해 보세요. 나의 경험도 적어 보세요.

 내가 빠진 생각의 함정이 무엇인지 알면 그 함정에서 빠져나오는 데 큰 도움이 된답니다!

생각의 함정	시나리오	비슷한 생각이나 경험을 한 적이 있나요?
이분법적 사고 모든 것이 검거나 희고, 좋거나 나쁘다고 생각합니다. 예를 들면, '나는 항상 틀려'라거나 '나는 결코 결혼을 못할 거야'라는 식이지요.	리즈는 운전을 배우고 있었는데 특정 기술이 너무 어려웠습니다. 리즈는 '나는 해낼 수 있어. 연습하면 잘하게 될 거야'라고 생각하기보다 '운동을 못하니 운전도 못할 거야. 시험에 절대 합격하지 못할 거야'라고 생각했습니다.	
파국적 사고 위험이나 불행을 과대평가하는 경향입니다. 예컨대, 상황이 얼마나 나쁜지 과장하는 식이지요.	루벤은 수행 평가에서 실수를 했습니다. '난 이제 망했어. 원하는 대학에도 가지 못할 거야'라고 루벤은 생각했습니다.	
성급한 결론 어떤 면에서 이것은 점을 보는 것과 비슷합니다. 사실을 알아보지도 않고 내 생각이 옳다고 가정한 뒤 성급하게 결론을 내립니다. 예를 들어, 부정적인 일이 일어날 거라고 섣불리 예측하는 식이지요.	매디는 새 학기 첫날 옆자리 학생이 수업에 늦는 모습을 보았습니다. '이런 날 지각이라니. 저 애랑은 어떤 약속도 하면 안 되겠어'라고 매디는 생각했습니다.	
다 내 잘못이야 개인화라고도 부릅니다. 예를 들면, 자기나 다른 사람에게 일어난 모든 부정적인 경험을 책임지려 합니다.	친구가 우울하다고 말하자 멜은 '시험 때문에 친구에게 자주 연락하지 않았으니 내 잘못이 커'라고 생각했습니다.	
낙인 자신이나 다른 사람에게 전반적으로 부정적인 꼬리표를 붙입니다. 예를 들면, 자신에게 '난 멍청해'라고 말하거나 다른 사람을 '쟨 잘하는 게 없어'라고 단정 짓는 식이지요.	빌리는 페널티킥에서 실축하고 나서 '나는 완전 패배자야'라고 생각했습니다.	

생각은 나에게 하는 말이라고 이해하면 도움이 됩니다. 생각은 우리 삶에 대한 이야기와 같습니다. 이때 두 가지 중요한 요소를 고려해야 합니다.

- 나에게 말하는 내용(1단계와 2단계에 초점을 둔 것)
- 그것을 말하는 방식

목소리 톤은 같은 말도 좀 더 다정하고 용기를 주는 말로 바꿀 수 있습니다.

 '너는 할 수 있어'라는 문장에 상상을 더해 각각 다른 상황에서 말한다고 생각해 보세요.

- 항상 격려를 아끼지 않는 선생님이 시험 전에 "너는 할 수 있어"라고 말해 주었습니다.
- 5km 자선 마라톤 대회에서 마지막 100m를 달리는데 친구들이 "너는 할 수 있어!"라고 응원해 주었습니다.
- 일거리를 잔뜩 쌓아 두고 있는데 사장님이 "자네는 할 수 있네!"라며 일거리를 더 안겨 주었습니다.

흥미롭지 않은가요? 말하는 내용뿐만 아니라 말하는 방식도 기분에 영향을 준답니다.

1단계와 2단계에서 기록한 생각을 참고해 나에게 말할 때 어떤 목소리 톤을 사용했는지 생각해 봅니다. 비판적인, 나를 깎아내리는, 걱정스러운, 신난, 건설적인, 응원해 주는, 친절한, 동정심 어린, 혐오스러운, 화난 목소리였나요? 목소리 톤은 내가 경험하고 기록한 당시의 감정을 반영하고 있나요? 빌랄의 이야기를 살펴보고 알게 된 것을 적어 보세요.

_____

_____

_____

빌랄은 과제 점수를 낮게 받고 자신이 문제를 잘못 읽었다는 사실을 깨달았습니다. 빌랄은 '나는 멍청해'라고 생각했습니다. 기분이 무척 우울해서 학교에서 조퇴했지요. 나중에 빌랄은 자신이 '낙인'의 함정에 빠졌다는 사실을 깨달았습니다. 또 자신에게 너무 비판적이고 스스로 깎아내리는 말을 했다는 점도 알게 되었지요. 실망스러운 마음은 여전했지만 빌랄은 이런 깨달음이 매우 도움이 된다고 생각했습니다.

혼잣말할 때 자주 사용하는 특정한 목소리 톤이 있나요? 언제, 얼마나 자주 그 목소리 톤을 사용하나요?

_____

_____

_____

_____

4단계. 나를 가혹하게 판단하고 있지 않는지 살펴보기

내가 떠올린 생각과 그때의 목소리 톤을 다시 참고해 볼 때, 나는 스스로를 가혹하게 판단하고 있었나요? 친구나 가족이 비슷한 상황에 놓였다면 나는 그 사람들에게 같은 방식으로 말할 건가요? 내가 그 사람들에게 비판적이고 깎아내리는 방식으로 말한다면 어떤 결과를 불러올까요? 그런 말 대신 친절함을 담아 어떤 목소리 톤으로 무슨 말을 해 줄 수 있을까요?

_____

_____

_____

빌랄은 이렇게 썼어요.

사랑하는 사람에게 멍청하다고 말하지 않겠다. 나 자신에게 하는 것처럼 비판적이고 깎아내리는 듯한 목소리 톤도 사용하지 않겠다. 격려하는 마음을 담아서 친절하게 누구나 실수한다고 알려 주면, 경험을 통해 배워서 다음에는 더 잘할 것이다.

생각해 봐요

이 활동에서 무엇을 배웠나요? 나에게도 다른 사람에게 하는 것과 똑같은 방식으로 말하고 있나요? 그렇지 않다면, 나에게 어떻게 말하고 싶은가요?

_____

_____

_____

빌랄은 이렇게 썼어요.

당시에는 나 자신에게 비판적이었지만, 그 상황을 다시 떠올려 보니 큰 도움이 되었다.
다른 사람에게 하는 것과 똑같은 방식으로 나를 대해야겠다는 다짐을 잊지 않겠다.
나 자신에게 더욱 친절해지기 위해 노력해야겠다.

5단계. 균형 잡힌 생각 기르기

5단계를 시작하기 전에 잠시 복습해 볼게요. 지금까지 우리는,

1. 내 생각을 알아차리고 관찰하는 시간을 가졌습니다.

2. 내가 갇힌 생각의 함정을 알아봤습니다.

3. 목소리 톤이 중요하다는 사실을 이해했습니다.

4. 나를 지나칠 정도로 가혹하게 판단하고 있지 않은지 생각해 봤습니다. 실제로 그렇다면 소중한 사람에게(또는 낯선 사람에게!)는 그런 식으로 말하지 않는다는 사실을 깨달았을 거예요.

5단계에서는 비판적이고 깎아내리는 방식이 아닌 좀 더 친절하게 용기를 주고 균형 잡힌 방식으로 생각하는 방법을 배웁니다. 균형 잡힌 생각을 기르는 방법을 살펴보기 전에 꿀팁 상자에서 친절하고 용기를 주는 말에 대해 알아볼게요.

기억해 둬요

친절하고 용기를 주는 생각을 키워 가려 애쓰는 내가 자랑스럽다고 말해 주는 것을 잊지 마세요.

168

- 이런 상황은 다른 사람들도 겪는다는 사실을 떠올립니다. 불안한 순간과 감정은 삶의 일부이자 자연스러운 경험이고 사라지기 마련이랍니다.
- 친절하게 용기를 주는 데 집중하면 비판하며 깎아내릴 때보다 훨씬 유익하고 도움이 됩니다.
- 인생은 힘듭니다. 우리는 모두 실수하기 마련이지요.
- 생각은 단지 마음속에서 일어나는 사건일 뿐이라는 점을 기억하세요. 우리는 매일 수천 가지의 생각을 합니다. 생각이 반드시 사실인 것은 아니지요!
- 한 발 물러서서 상황을 (판단하기보다) 설명해 보면 그 상황에 대한 자신의 생각과 그 생각이 사실이라고 믿어 버리는 것 사이의 연결 고리를 끊는 데 도움이 됩니다.

일주일 정도 시간을 정해 비판적이거나 걱정스럽거나 나를 깎아내리는 생각들을 의식하려 노력해 보세요. 여러 가지 부정적인 생각들을 한꺼번에 알아차릴 수도 있습니다. 신체 감각이나 감정이나 행동 변화를 먼저 느낄 수도 있습니다. 그런 경우라면 변화에 따라 떠오르는 생각이나 이미지를 잘 관찰해 보세요.

생각을 감지하고 분석하는 일은 사실을 확인하고 객관적인 자세를 취하려 노력한다는 뜻입니다. 범죄 현장에서 증거를 조사하는 탐정처럼 자기 생각을 뒷받침하거나 반대하는 증거를 조사할 필요가 있습니다. 자, (셜록 홈스같이) 내가 좋아하는 탐정이나 (블랙 팬서나 원더우먼 같은) 슈퍼히어로가 되어 보세요! 좋아하는 책의 등장인물을 선택해도 좋고 나를 도와주는 친절 활동가를 활용해도 괜찮겠지요! 마음의 균형을 이룰 수 있도록 친절하고 힘을 북돋워 주는 생각을 기르게 도와줄 누군가가 필요하다는 사실을 기억하세요.

생각을 알아차리거나 관찰할 때 친절하고 용기를 주는 상냥한 목소리로 아래의 질문을 해 보세요. 비판적인 태도를 감지하면 내가 정말 아끼는 사람을 떠올리고 그 사람이 나와 같은 상황이라면 어떻게 도와줄지 생각해 봅니다. 친절하고 힘이 되어 주는 친구라면 비판하지 않을 거예요. 내가 실수했을 때 "너 진짜 대단하다"라거나 치과 예약을 앞두고 겁에 질렸는데 "다른 거 할까"라는 말도 하지 않을 거예요. 힘이 되어 주는 친구라면 "너는 최선을 다했어. 네가 원한다면 다음번 연습 때 내가 도와줄 게"라거나 "괜찮으면 치과 갈 때 내가 같이 가 줄게"라고 말하겠지요.

증거 조사하기

무슨 생각을 했나요? 어떤 이미지가 마음에 떠올랐나요?

_____

_____

_____

　　그 생각은 부정적인 생각이었나요? 비판적이거나 걱정스럽거나 나를 깎아내리거나 끝없이 꼬리에 꼬리를 무는 생각이었나요? 생각의 함정에 갇혔나요? (필요하다면 이전 단계로 돌아가서 살펴봐도 좋아요.)

_____

_____

_____

_____

그 생각을 뒷받침하는 증거와 부정하는 증거를 찾아봅니다. 나를 아끼는 사람이라면 내 생각이 100% 사실이라고 말할까요? 그 증거가 내 생각을 뒷받침해 준다고 말할까요?

_____

_____

_____

이 상황을 다른 관점으로 바라보면 어떨까요?

_____

_____

_____

증거를 살펴보고 나자 좀 더 균형 잡힌 생각이 떠오르나요?

_____

_____

_____

균형 잡힌 생각을 말로 듣는다면 어떤 목소리 톤이 도움이 될까요? 친구에게 그 말을 해 준다면 어떤 목소리 톤을 사용하고 싶은가요?

_____

균형 잡힌 생각을 정리한 뒤, 추가로 생각나서 적어 두고 싶은 것이 있나요? 사실을 살펴본 결과 내가 그런 생각을 꽤 잘 다뤘다는 점을 과소평가하고 있지는 않았나요?

_____

_____

_____

관심을 기울여 친절하게 반응하는 법 익히기

시간 때문에 애쓰는 중이고 앞에 놓인 증거들을 간단하게 검토해 보고 싶다면, 네 가지 과정으로 이루어진 '생각 균형 잡기' 활동지를 이용해 보세요. 먼저 내 생각을 점검하고 생각을 뒷받침하는 증거와 부정하는 증거를 검토한 뒤 좀 더 균형 잡히고 현실적인 관점을 기를 수 있는 방법을 확인해 보세요.

기억해 둬요   친절하고 용기를 주는 목소리 톤을 사용해야 해요.

3부를 시작하면서 소개받은 제스를 기억할 거예요. 제스가 '생각 균형 잡기' 활동지를 사용해 자신이 갖고 있던 생각을 지지하는 증거와 반대하는 증거를 검토한 방법을 참고해 보세요.

사례   제스는 단짝 친구 케리스에게서 둘이 함께 신년 모임에 초대받았다는 메시지를 받았습니다. 초대받았다는 말을 듣자마자 불안이 엄습했지요. '맙소사, 거기서 사람들에게 무슨 말을 할지 떠오르지 않으면 어쩌지?' '누가 말을 걸었는데 더듬거나 얼굴이 빨개지면 어떡해?' '가고 싶기는 한데, 꿔다 놓은 보릿자루처럼 덩그러니 남겨지면 어떡하지?'

제스는 내면의 '헤르미온느 그레인저'가 자신의 생각을 뒷받침하는 증거와 반대되는 증거를 조사하도록 했습니다. 덕분에 친절하고 용기를 주는 균형 잡힌 생각을 할 수 있었지요.

제스의 생각 균형 잡기 활동지

생각	내 생각의 증거	내 생각에 반대되는 증거	균형 잡힌 생각
누군가 말을 걸었는데 더듬거나 얼굴이 빨개지면 어떡해?	전에 얼굴이 빨개진 적이 있다. 지난주 선생님 질문에 대답하지 못해서 얼굴이 달아올랐다.	가끔 얼굴이 달아오를 때는 있지만 말을 더듬지는 않는다.	성급하게 결론짓지 말자. 가끔 얼굴이 빨개진다고 내가 나쁜 사람인 것도 아니고, 누구나 긴장할 때가 있기 마련이다.
거기서 사람들에게 무슨 말을 할지 떠오르지 않으면 어쩌지?	이 생각을 뒷받침하는 증거를 못 찾겠다. 하지만 충분히 일어날 수 있는 일이다.	케리스도 같이 가고 우리는 끊임없이 이야기를 나눌 거다. 케리스랑 이야기하면 된다.	파국적 사고의 함정에 휘말렸다. 사람들은 대부분 내가 불안감을 느끼는지 잘 모른다. 아는 사람이 왔는지 다른 사람들을 관심 있게 봐야겠다. 아는 사람에게 어떻게 지내냐고 물어봐야겠다.
가고 싶은데, 아무도 나를 좋아하지 않으면 어쩌지?	조가 가끔씩 나를 무시한다. 누가 나를 정말 좋아하는지 그날 밤 알 수도 있겠다.	지난주에 아미르랑 대화를 잘 나눴다. 아미르가 나에게 숙제를 도와줄 수 있냐고 물었다.	이분법적 사고의 함정에 빠졌던 것 같다. 모든 것을 흑백논리로 판단해서 세상에 나를 좋아하는 사람과 싫어하는 사람만 있는 것처럼 생각했다.

나의 생각을 뒷받침하는 증거와 반대하는 증거를 검토하고 잘 살펴보세요.

내 생각 균형 잡기

생각	내 생각의 증거	내 생각에 반대되는 증거	균형 잡힌 생각

스트레스는 인생의 일부일 뿐입니다. 스트레스 받는 상황은 누구에게나 까다롭고 힘들지요. 스트레스를 받더라도 두려움에 맞서는 데 답이 있습니다.

"인생에서 항상 승자처럼 느낄 수는 없겠지만,

그렇다고 여러분이 승리하지 않았다는 뜻은 아닙니다."

– 레이디 가가

6단계. 창의력 발휘하기

부정적인 생각에 대처하는 말, 마인드맵, 영감을 주는 인용문 등을 활용하면 친절하고 힘을 주는 생각을 기르는 데 도움이 됩니다. 긍정적인 말이나 (레이디 가가의 말처럼) 영감을 주는 좋은 문장을 직접 골라서 휴대전화 화면이나 책갈피, 손목 밴드에 적어 둬도 좋겠지요.

다음과 같은 격려의 말을 참고해 보세요.

- 이렇게 느끼는 것도 이해가 가지만, 이 느낌은 일시적인 거야.
- 5년 뒤에 내가 이 상황을 돌아본다면, 좀 다르게 보일까?
- 기억하자, 한 번에 한 걸음씩 내딛는 거야.
- 낯선 상황이 어렵다고 생각하는 사람은 나뿐만이 아닐 거야.
- 우리는 모두 미완성이고 인생은 진행형이야.
- 지금 내가 느끼는 감정은 유쾌하지 않지만 그렇다고 해로운 것도 아니야.
- 이 감정은 지나갈 거야.
- 생각처럼 나쁘지는 않을 거야.

- 이건 나에게 중요해. 일단 시작하면 재미있을지도 몰라.

- 감정과 신체 감각이 나를 지배하도록 놔두지 않겠어.

- 기억하자, 사실만을 생각하는 거야.

- 상황을 피하거나 걱정하는 것은 도움이 안 되지만 두려움을 마주하는 것은 도움이 돼.

불안하거나 슬프거나 외로운 감정을 느끼는 중이라면, 그 감정들이 앞으로 일어날지도 모를 어려움에 대비하도록 도울 수 있습니다. 『나에게 친절해지는 연습』에서 지금까지 다룬 다양한 활동과 아이디어를 떠올리면서 나에게 용기를 주고 친절하고 균형 잡힌 생각을 기를 수 있도록 현재 상황에 활용해 보세요. 가령 마음챙김은 집중할 때 떠오르는 생각을 알아차리는 데 도움이 되고, 나만의 친절 활동가의 이미지를 떠올리면 나에게 좀 더 친절해지는 데 도움을 얻을 수도 있겠지요. 또 관심의 초점을 다른 곳으로 옮기는 방법도 유익할 거예요.

머릿속 생각을 종이 위로 옮겨 마인드맵을 만들어 보세요. 동시에 생각의 함정에 빠졌을 때 사용할 수 있는 전략을 떠올려도 좋겠지요. 나만의 마인드맵을 만들기 전에 제스의 마인드맵을 살펴보세요.

제스의 마인드맵 : 부정적인 생각을 다루는 법

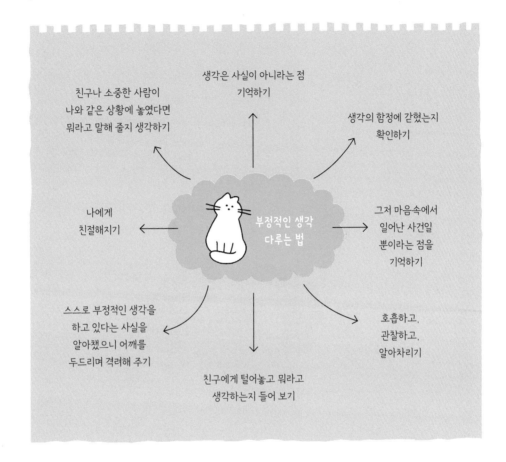

친구나 소중한 사람이
나와 같은 상황에 놓였다면
뭐라고 말해 줄지 생각하기

생각은 사실이 아니라는 점
기억하기

생각의 함정에 갇혔는지
확인하기

나에게
친절해지기

부정적인 생각
다루는 법

그저 마음속에서
일어난 사건일
뿐이라는 점을
기억하기

스스로 부정적인 생각을
하고 있다는 사실을
알아챘으니 어깨를
두드리며 격려해 주기

호흡하고,
관찰하고,
알아차리기

친구에게 털어놓고 뭐라고
생각하는지 들어 보기

work sheet

나의 마인드맵
부정적인 생각을 다루는 법

부정적인 생각
다루는 법

이번 장에서는 꽤 많은 것들을 다뤘습니다. 아무쪼록 나의 생각을 알아차리고 관찰한 뒤 균형 잡힌 생각으로 발전시켜 나가는 데 좋은 성과를 얻기 바랍니다. 핵심은 친절한 태도와 용기를 주는 목소리 톤으로 나의 생각에 반응하는 데 있답니다.

나의 친절 상자

나의 친절 상자에 무엇을 넣으면 좋을지 생각해 봅니다. 부정적인 생각에 대처하는 긍정적인 말 몇 마디나 마인드맵, '생각은 사실이 아니다'라는 문구나 내가 빠지기 쉬운 생각의 함정에 관한 메모를 넣는 것은 어떨까요?

10장

변화를 준비하기

우리의 감정과 생각은 어떤 행동을 하게 만들기도 하고 하지 않게 만들기도 한다는 사실을 알고 있나요? 행복할 때 우리는 큰 소리로 노래하거나 방 안을 춤추며 돌아다니거나 전날 밤, 잠 한숨 못 자게 했던 걱정을 훌훌 떨쳐 버리기도 합니다. 슬프거나 우울할 때 우리는 어떤 것도 하고 싶은 마음이 들지 않거나 집중하지 못해 애먹기도 하고, 평소에 즐기던 일이 하기 힘들어지기도 하고요. 좌절했을 때 우리는 누군가에게 쏘아붙이거나, 주먹을 움켜쥐거나, 입술을 잘근잘근 씹거나, 창문으로 공을 뻥 차기도 합니다. (감사하게도 안전유리였지요.) 또 불안도 있습니다. 불안을 느끼면 그 상황을 피하거나 '대안'을 세우면서 견뎌야 한다는 의미일 수 있어요. 미리 어디에 화장실이 있는지 알아 두는 것처럼 말이지요! '시내에 친구랑 같이 나가면 안전할 거야'라든가 '고개를 숙이고 있으면 아무도 질문하지 않겠지'라는 식의 생각을 할 수도 있습니다. 이처럼 우리가 생각하고 느끼는 방식은 무엇을 하고 무엇을 하지 않을지 결정하는 데 큰 영향을 줍니다.

여러분은 자신이 원하는 변화를 어떻게 이룰지 생각해 뒀을 테고, 시작할 준비도 되어 있을 거예요. 시작하기에 앞서 우리의 행동 변화를 방해하는 것이 무엇일지 알아야 합니다. 그러려면 누구나 마주하는 매우 일반적인 것부터 알아봐야겠지요. 바로 '회피'입니다.

회피가 필요한 순간

다음과 같은 상황에서는 회피도 꽤 좋은 전략입니다.

· 상어가 우글거리는 바다에서 수영하기

· 나의 기분을 상하게 하는 누군가

· 터지지 않은 폭죽 줍기

하지만 위험하지 않은 상황을 회피하면 그 순간은 기분이 좋을지 몰라도 사실상 일을 악화시킬 때가 많아요.

몇 가지 예를 살펴볼게요. 만약 주변에 개가 있을 때 불안감을 느낀다면, 거대한 송곳니 한 쌍을 가진 반려견을 키우는 친구의 집에는 가지 않을 거예요! 그런 경우, 불안감을 피할 수는 있겠지만 친구와의 우정에는 부정적인 영향을 줄지도 몰라요. 마찬가지로 사람들 앞에서 말하는 것이 두려워서 발표하는 상황을 피한다면 그날은 괜찮을지 모르지만, 발표력을 기를 수 있는 기회를 놓칠 테고 앞으로 있을 진학과 취업에 영향을 받을 수도 있겠지요. (채용 과정에 여러 사람 앞에서 말해야 하는 집단 면접이나 수업에서 발표해야 하는 경우도 있기 때문이에요.) 사람들과 어울려야 하는 상황이 두렵다면 그런 상황을 피해도 되지만 집에 혼자 있다 보면 이런저런 걱정과 나를 깎아내리는 생각을 하면서 시간을 보낼 가능성이 훨씬 커져요. 결국 언제 마주할지 모를 사회적인 상황에 대한 두려움만 커질 뿐이지요.

내 행동이 (단기적으로나 장기적으로) 도움이 되지 않는다는 사실을 알았다면 새로운 행동을 해 보는 게 좋습니다. 도움이 되는 행동을 알아낸다면 그 행동이 편하고 익숙해질 때까지 계속 도전해 보세요. 새 신발을 계속 신어 길들이는 것과 마찬가지로요!

한 번에 한 걸음씩 변화하기

다행히, 행동 변화에 집중하면 자신감이 쌓이고, 두려움을 마주하고, 행복감을 높일 수 있어요. 이렇게 하기 위해서는 점진적인 방식이 제일 효과가 좋습니다. 예컨대, 기분이 나아지고 싶다면 즐겁게 했던 활동 몇 가지를 조금씩 시도해 보면 좋겠지요. 만약 거미 공포증, 광대 공포증, 휴대전화가 없을 때 불안을 느끼는 노모포비아, 긴 단어 공포증(영어로는 hippopotomonstrosesquippedaliophobia인데 누가 만들었는지 정말 잔인해요!) 등이 있다면, 그런 두려움을 한 번에 한 단계씩 마주하는 방법이 유용하답니다. 마찬가지로, 만약 사회적인 상황에 적응하고자 애쓰는 중이라면(사회공포증이라고 해요) 먼저 동네 빵집에 전화해서 빵 하나를 배달시키는 거예요. 다음 단계로 가게 주인에게 질문을 해 봐도 좋겠지요. 그러다가 친구네 집을 방문하고, 그다음에는 친구와 영화를 보러 가는 식으로 한 단계 한 단계 진행해 나가는 거예요. 마지막 도전 과제는 사람이 많이 모이는 파티에 참석하는 것이 되겠지요.

앨버트 엘리스 박사는 인지치료(심리치료의 한 분야로 생각이 우리에게 영향을 미치는 방식을 살펴보는 거예요)의 창시자로, 두려워하는 것을 하면 공포를 극복할 수 있다고 믿었습니다. 엘리스 박사는 젊은 시절 대중 앞에서 말하는 것을 두려워했다고 해요. (그뿐만 아니라 여성에게 다가가는 것도 두려워했다지요.) 두려움을 극복하기 위해 엘리스 박사는 대중 앞에서 말하기를 피하는 대신 더욱 노력했습니다. 19살 때, 박사는 브롱크스 식물원에 가서 여성과 1분 동안 대화하겠다는 목표를 세웠지요. 그곳에 가서 애쓴 결과 100명 이상의 여성들과 대화했고, 심지어 데이트 약속까지 잡았다고 (농담으로) 말했지요! 약속 상대는 나타나지 않았지만 엘리스 박사는 '아무것도 하지 않으면 자신감을 얻을 수 없다'는 귀중한 교훈을 얻었다고 털어놓았어요. 이런 (두려워하는 것을 직접 마주하는) 방식을 '노출 요법(exposure therapy)'이라고 부릅니다. 두려워하는 것을 자주 접해 일정 수준에 이르면 그것에 대한 두려움을 극복하게 된다는 것이지요. 앨버트 엘리스 박사는 자신의 두려움을 한 달간 매일 마주했고 결국 불안감을 줄일 수 있었어요.

두려워서 피하기만 하면 생존하기 위한 기본 욕구를 계발시키지 못합니다. 예를 들어, 우리 조상들은 생존을 위해 치명적인 거미나 뱀이 있는 장소를 가리지 않고 살았습니다. 물론 위험을 경계해야 했지요. (안전을 위해 달아날 준비를 항상 해야 했어요.) 어떤 두려움은 합리적이라 판단되지만 어떤 것들은 언뜻 보기에 상당히 비이성적으로 보이기도 합니다. 예컨대, 우리는 (4천만 년 전에 살다 멸종한) 검치호랑이를 만날 가능성이 없지만, 어떤 사람들은 아직도 검치호랑이에 대한 엄청난 두려움을 가지고 있고 검치호랑이가 등장하는 영화나 책도 피하려고 하지요. 이런 경우 검치호랑이가 아니라 두려움 자체가 문제라고 봐야 합니다.

이제 4단계에 걸쳐 변화를 준비하는 방법을 살펴볼게요.

1. 내가 원하는 변화가 무엇인지 확인하기

2. 변화에 대한 욕구 형성하기

3. 목표 목록 작성하기

4. 이미지를 이용해 몸과 마음 준비하기

1단계. 내가 원하는 변화가 무엇인지 확인하기

첫 번째 단계는 무엇을 바꿔야 도움이 될지 생각해 보는 것입니다. 두려움을 마주하거나, 직업을 찾거나, 자신감을 높이거나, 누군가와 사귀거나, 성적을 올리거나, 적극적인 태도를 취하거나, 운동을 한다거나, 가족과의 관계를 회복하거나, 식단을 바꾸거나, 피해 왔던 무엇을 마주하기를 원할 수도 있습니다. 어떤 변화를 원하는지 고민된다면 나의 가치관(3장)과 일치하는 무언가에 집중해서 변화를 만들어 보는 것은 어떨까요? 클로이의 이야기를 읽어 보고 (크든 작든) 내가 원하는 변화에 참고할 만한 것이 있는지 살펴보세요.

사례

클로이는 친구와 여행하고 싶었습니다. 문제는 클로이에게 주사공포증이 있다는 점이었지요. 친구와 방문하고 싶은 나라 중에서는 예방 접종이 필요한 곳이 있었거든요. 클로이는 공포증을 극복하고 안전하게 세계 여행을 하고 싶었습니다.

생각해 봐요 나는 어떤 변화를 이뤄 내고 싶은가요?

_____

_____

_____

2단계. 변화에 대한 욕구 형성하기

변화를 위해 결심하기 전에 변화했을 때의 좋은 점
(긍정적인 점)과 변화하지 않았을 때의 나쁜
점(부정적인
점 또는 문제점)에 관해 생각해 보면 도움이 됩니다.
클로이가 작성한 변화의 장단점 활동지를 살펴보고 나의 활동지를 완성해 보세요. 클
로이는 종이에 두 가지 질문을 적었습니다. '예방 접종을 하면 어떤 이로운 점이 있을
까?'와 '예방 접종을 하지 않으면 어떤 문제가 생길까?'라고 말이지요.

클로이의 변화의 장단점 활동지

장점

예방 접종을 하면
어떤 이로운 점이 있을까?

→
- 친구들이랑 같이 떠날 수 있다.
- 꿈꾸던 장소에 가 볼 수 있다.
- 친구와 소중한 시간을 보낼 수 있다.
- 편안하고 즐거운 시간을 보낼 것이다.

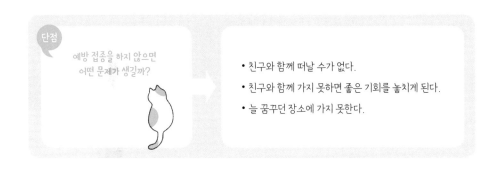

단점

예방 접종을 하지 않으면
어떤 문제가 생길까?

• 친구와 함께 떠날 수가 없다.
• 친구와 함께 가지 못하면 좋은 기회를 놓치게 된다.
• 늘 꿈꾸던 장소에 가지 못한다.

변화에 대한 나만의 욕구 형성하기

이제 나의 차례입니다. 활동지에 변화의 이로운 점과 변화하지 않으면 어떤 단점
이나 문제가 생길지 적어 봅니다.

 **내 변화의 장단점**

장점

만약

면

어떤 이로운 점이 있을까?

주사공포증을 극복하면 친구와 여행을 갈 수 있다는 생각은 클로이를 자극하기에 충분했답니다. 클로이는 자신의 공포를 견디고, 억누르고, 극복하는 방법을 배워 보기로 결심했어요.

3단계. 목표 목록 작성하기

목표 목록에 내가 맞서 보고자 하는 두려움을 한 번에 한 단계씩 적어 넣어 보세요. 또는 기분이 나아지거나 자극이 된다거나 자신감이나 보다 행복한 삶을 위해 도전해 볼 만한 것들의 목록을 만들어도 좋겠지요. (건강한 식사를 한다거나, 사람들과 자주 어울린다거나, 운동 횟수를 늘린다는 목표처럼 말이에요.)

클로이는 예방 접종을 받기 위한 준비 작업으로 두려운 마음이 드는 상황을 목록으로 작성했습니다. (모르긴 몰라도 그런 상황을 좋아하는 사람은 없을 거예요.) 목록 아래쪽에는 비교적 마주하기 쉽다고 생각하는 상황을, 위쪽에는 가장 두려운 상황을 (예방 접종하기) 적었어요. 꿀팁 상자와 클로이가 이겨 내고 싶은 두려움 극복 사다리를 살펴보고 나만의 목록을 만들어 보세요.

- 만만치 않은 목표를 처음 마주하면 불안감이 클 거예요. 하지만 그 상황에 계속 머물면서 시간이 어느 정도 흐르면 불안감이 줄어드는 경험을 할 거예요.
- 행동을 바꾸는 일은 어렵지만 장기적으로 볼 때 노력해 볼 가치가 있어요. '미래의 나'가 무엇을 원할지 생각해 보면 도움이 되겠지요?
- 각 과제에 0에서 10 사이의 점수를 매겨서 내가 느끼는 괴로움을 평가해 보면 도움이 됩니다. 0점은 불안이나 두려움이나 괴로움이 없다는 의미이고 10점은 불안감이 최고조라는 의미입니다.
- 나의 기분을 나타내기 위해 이모티콘을 사용해도 좋습니다.

0   5   10

클로이의 두려움과 회피하고 싶은 마음을 예로 들었지만, 클로이가 자신의 목표를 건강과 체력 향상으로 꼽았다 해도 과정은 똑같을 거예요. 예를 들어, 클로이의 목표에는 하루에 과일과 채소 5컵 이상 먹기, 운동 장비 사기, 문 옆에 운동화 놓아 두기, 달리기 모임 등록하기, 달리기 모임을 시작하기 전에 주 5회 산책하기 같은 것들이 포함되겠지요.

클로이의 목표(두려움 극복) 사다리

친구와 여행 가기

진료 받고 백신 접종하기 ⑩

대기실에 앉아 있기 ⑨

병원에 예약하고 간호사님과 면담하기 ⑥

바늘 들고 있기 ④

유튜브로 다른 사람이 주사 맞는 영상 보기 ④

주사기 그림 보기 ③

나의 목표(두려움 극복) 사다리

 사다리의 아래쪽에는 가장 쉬운 목표를 적고 위쪽에는 가장 어려운 목표를 적어야 해요.

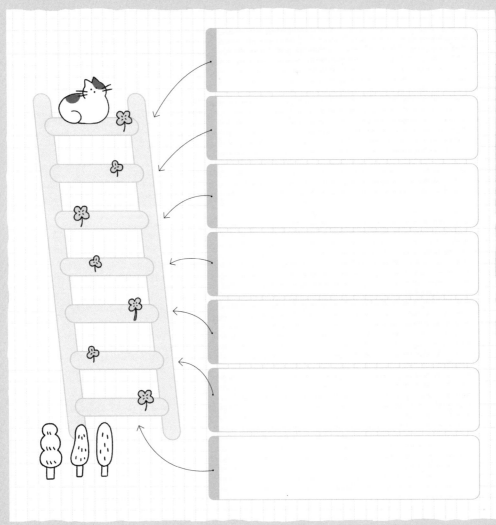

세 가지 예를 들어 볼게요. 각 예는 서로 다른 시나리오를 가정했습니다. 나의 목록에 추가하고 싶은 목표에 관한 아이디어를 얻어 보세요.

사회 불안	우울한 기분	동물 공포증
사람들과 어울려야 하는 상황에서 불안감을 느낀다면 다음과 같은 항목을 목록에 넣을 수 있을 거예요.	기분이 우울해져서 친구를 피하고 운동도 빠진다면 다음과 같은 항목을 목록에 넣을 수 있을 거예요.	특정한 동물을 무서워한다면 목록에 다음과 같은 항목을 넣을 수 있을 거예요.
누군가와 눈을 맞추고 인사하기, 누군가에게 안부 물어보기, 학교나 학원에서 어떻게 지냈냐고 물어보기, 운동 모임에 들어가기, 친구를 불러 함께 밥 먹기, 모임에 참석하기	친구에게 문자를 보내서 안부 묻기, 10분 동안 산책하기, 친구를 집으로 불러서 이야기 나누기, 친구와 영화관 가기, 친구에게 함께 운동하자고 부탁하기	무서운 동물의 그림 바라보기, 무서운 동물의 사진 보기, 무서운 동물이 내는 소리를 듣거나 유튜브 영상 찾아보기, 집 안에서 집 밖에 있는 무서운 동물 쳐다보기, 동물원이나 보호소에서 무서운 동물 바라보기, 밖에서 무서운 동물 바라보기(예를 들면 목줄을 한 큰 개 바라보기나 새장 속의 새 바라보기), 무서운 동물 만져 보기

내가 원하는 변화는 클 수도, 작을 수도 있어요. 사다리 위의 몇몇 단계는 상상력이나 준비가 조금 더 필요할 수도 있지요. 체력을 기를 계획이라면 운동화를 신고 달릴 생각에 조바심을 낼 수도 있고, 지역 모임에 가입할 계획이라면 여러 모임을 살펴보면서 들뜬 기분을 느낄 수도 있을 거예요. 한 단계에 성공하면 스스로에게 보상을 주거나 사다리 옆에 커다란 체크 표시를 하면 자극이 되어서 다음 단계로 힘차게 나아갈 수 있겠지요. 음악을 듣거나 자신감 있는 자세를 취하거나 자신만만한 표정을 지으면 어려운 단계도 훨씬 쉽게 넘어설 수 있답니다. 편안하고 차분해지는 데 도움이 되는 활동을 하고, 균형 잡힌 생각을 떠올리고, 용기를 주는 목소리 톤을 사용하는

것도 도움이 될 거예요.

행동 변화에 대한 관심이 사라지거나 높은 수준의 불안감이 끼어들면 우리는 그 단계를 피하고자 (책상을 치우거나 컴퓨터 게임을 하거나 쓰레기통을 비우거나 서랍 속의 양말을 정리하는 등) 온갖 것을 하기도 합니다. 그럴 경우 상상력을 발휘해 도움이 될 만한 새로운 전략을 세워 봐도 좋겠지요. 다음 단계에서는 내가 목표하는 변화를 상상하는 데 집중합니다.

4단계. 이미지를 이용해 몸과 마음 준비하기

먼저 상상력의 힘을 활용해 보세요. 사다리 위의 각 상황을 (한 번에 하나씩) 생각해 봅니다. 가장 쉬운 목표부터 시작합니다. (맨 아래쪽이지요.)

클로이는 먼저 바늘 그림을 보고 있다고 상상하기로 했어요.
사다리 맨 아래에 적은 목표였지요.

목록의 각 상황을 상상하기

1. 적당한 장소를 찾아 앉았으면 호흡에 집중합니다. 눈을 감아도 좋고, 뜬 채로 진행해도 좋습니다. 앞쪽의 액자 밑면이나 바닥의 점에 시선을 고정하고 집중합니다. 숨을 천천히 들이마시고 천천히 내쉬면서 감각에 주목합니다. 평소보다 호흡 속도를 늦추고 점점 깊이 호흡하면서 몸이 이완되기 시작하는 것을 느껴 보세요. 어깨의 힘을 빼고 턱의 긴장도 풀어 봅니다.

2. 나만의 친절 활동가, 응원단, 코치, 힘이 되는 동료, 슈퍼히어로, 다정한 벗이 옆에서 나의 도

전을 돕는다고 상상해 봅니다.

3. 준비되면 목록에 적은 목표를 위해 노력하는 내 모습을 상상합니다. 자신감 있는 자세, 동작, 표정, 호흡을 잘 생각하며 이미지를 만듭니다.

4. 나에게 들려줄 친절하고 힘이 되는 말을 생각합니다. 이번 단계를 수행하며 용기를 내고 있다는 점을 떠올려 보세요.

5. 연습하면 훨씬 쉬워지리라는 점을 되뇌입니다.

6. 마지막 목표를 이루고 나서 활짝 웃으며 성취를 기뻐하는 내 모습을 바라본다고 상상합니다. 사다리에 적어 놓은 목표 옆에 커다란 체크 표시나 웃는 얼굴을 그리는 상상을 해 봐도 좋겠지요.

준비되었다면 가만히 활동을 마무리하고 내가 앉은 의자와 머무는 방으로 의식을 넓힙니다. 눈을 감고 있었다면 뜹니다. 시선을 정면으로 향합니다. 차분하게 호흡하면서 스트레칭하고 깨달은 것을 기록합니다.

마음의 눈으로 목표를 이룬 내 모습을 그려 보니 어떤 느낌이 들었나요? 힘든 점은 없었나요? 나에게 친절했나요? 어떤 점이 도움이 되었나요?

_____

_____

_____

하루에 한 가지 또는 일주일에 한 가지 목표에 집중하면 좋다는 것을 알았을 거예요. 그러니 자신을 심하게 밀어붙이지 마세요. (나만의 속도로 진행하세요.)

비전 보드 만들기

비전 보드는 창의력을 발휘해 미래를 시각화한 게시판이에요. 비전 보드를 활용하면 행동 변화에 마음을 쏟을 수 있어요. 또 변화의 가능성을 높이기 위해 무엇을 하면 좋을지 떠오르게 해 주는 역할도 하지요. 클로이가 만든 비전 보드를 살펴보세요.

클로이는 목표를 이루고자 예방 접종을 하기로 결심했어요. 클로이가 만든 비전 보드에는 도움이 되는 글귀, 여행 가고 싶은 곳의 사진, 함께 여행할 친구들의 사진을 붙였지요.

나는 대처할 수 있다.
나는 내가 자랑스럽다.
작은 변화가 큰 차이를 만든다.
나는 목표를 이룰 것이다.
나는 예방 접종을 받을 것이다.
나의 친절 활동가와 친구들이
두려움을 마주하도록 도와줄 것이다.

나에게는 무엇이 필요할까?

나에게 필요한 것은 (사다리에 적은) 목표 목록, 종이, 카드, 하드보드지, 펜, 크레용, 물감입니다. 그림을 그리거나 색칠하는 것을 좋아하지 않는다면 사진을 이용하거나 잡지의 그림을 오려 사용하세요. 게시판 한가운데에 나의 사진을 붙이고 주위를 다양한 사진으로 둘러도 좋습니다.

나의 비전 보드를 매일 보면서 이뤄지길 바라는 것이 무엇인지 떠올려 보
세요.

나의 친절 상자

이번 장도 잘 마무리했습니다. 나의 친절 상자에 넣어 두면 힘이 나고 나에게
좀 더 친절해지는 데 도움이 될 만한 것이 있나요? 가령 비전 보드(또는 비전 보
드를 찍은 사진), '변화의 장단점' 활동지, 목표 사다리, 도움이 되는 글귀, 심상
활동 등을 넣어 두고 사다리 각 칸의 목표에 도전하기 전에 활용하면 어떨까
요?

나가며

수고했습니다. 여정의 막바지에 이르렀군요!

『나에게 친절해지는 연습』을 쭉 읽어 보았으니 이제 건강한 삶을 만들 수 있는 방법을 알게 되었을 거예요. 여러분의 노력이 긍정적인 삶의 변화를 끌어내길 바랍니다. 이미 아는 내용이라 가볍게 넘어간 부분도 있을 거예요. 아직 준비되지 않아 나중에 봐야겠다며 일단 넘어간 부분도 있겠지요. (그 시간에 방 청소를 했을지도 모르겠네요!)

여러분이 어떤 과정을 거치는 중이건 잠시 멈춰서 상황을 검토하고 자신이 만든 변화를 확인하고 미래를 향한 방향을 가늠해 보면 좋겠어요. 마무리하는 내용은 이것이 전부랍니다.

> 이번 장에서 우리는
> - 나의 진행 상황과 성과를 살펴볼 거예요.
> - '미래의 나'를 위한 단기 계획과 장기 계획을 세울 거예요.
> - 앞으로 시도해 볼 다양한 활동을 생각해 볼 거예요.
> - 자극을 주는 비전 보드를 만들 거예요.
> - 친절 상자에 무엇을 넣을지 생각해 보아요.

앞으로 나아가기

인생은 경이롭지만 (여러분도 알다시피) 힘들기도 하지요. 때때로 하던 일을 멈추고 차분히 살펴보면서 큰일이든 작은 일이든 진행 상황과 성취를 확인하는 일은 아주 중요해요. 그런 시간은 여러분이 성장할 훌륭한 바탕이 되어 줄 거예요. 앞으로 나아갈 때는 우리가 배운 지식과 기술을 통해 우여곡절을 헤쳐 나갈 수 있어요. 시간은 뒤쪽이 아닌 앞으로 흐르기 때문에 목표를 세우고 나아갈 방향을 설정하는 일은 매우 중요하답니다. 이제 마지막으로 무엇을 할지 살펴볼게요.

『나에게 친절해지는 연습』을 시작하면서 우리는 삶이 힘들 수 있다는 점을 인정했어요. 저글링하듯 다뤄야 할 공이 너무 많아서 도움이 필요할 때도 있고요. 이 책은 정보와 아이디어와 활동을 공유해 힘든 삶을 잘 헤쳐 나갈 수 있게 도왔어요.

1부에서는 친절이란 무엇인지 알아보았어요. K.I.N.D.N.E.S.S.라는 연상 기호를 활용하는 방법도 나누었지요. (이미 하고 있는 것과 새로 시도해 볼 만한 아이디어를 살펴보았어요.) 그와 더불어 나와 다른 사람을 이해하는 데 집중했고 나의 가치관을 확인했어요. 2부에서는 주의 집중, 마음챙김, 심상화의 기술과 일상을 구성하는 요소들을 알아보고 활용해 보았어요. 3부에서는 생리 기능, 감정, 생각, 행동의 상호 작용에 집중했어요. 지금 읽는 마지막 장은 여러분의 발전과 성과를 축하하면서 문을 엽니다.

성과를 확인하고 자축하기

우리는 자신이 이룬 성과를 충분히 인식하지 못할 때가 많아요. 곧바로 다음 목표나 도전 과제에 집중하는 데 급급하지요. 앞으로 나아가야 할 방향을 생각하기에 앞서, 나의 발전과 성과를 제대로 이해하고 기쁘게 인정하는 시간을 가져 보세요. (크건 작건) 내가 해낸 일을 되돌아보고 인정하면 삶의 만족도가 높아진답니다. 다시 확인해 보고 싶다면 책의 앞부분으로 넘겨 내가 완성한 활동지를 찾아봐도 좋겠지요.

몰리가 자기 이야기를 들려줄 거예요. 몰리가 『나에게 친절해지는 연습』을 통해 무엇을 배우고 성취했는지, 어떤 변화를 만들어 냈는지 살펴보세요. 빈칸에는 내가 무엇을 배우고 성취했는지, 어떤 변화를 만들어 냈는지 기록해 봅니다.

사례 몰리는 다른 사람의 시선이나 평가를 부쩍 의식하기 시작했고 최근 들어서는 친구들과 밖에서 어울리는 일을 피하고 있다는 사실을 알아차렸어요. 사회적인 상황에서 자신감을 기르고 싶어서 『나에게 친절해지는 연습』을 읽기 시작했어요.

몰리가 이룬 것

🐑 🐑 🐑	친절 증명서
내가 만든 변화와 도움이 되었던 전략	• 친구들이 같이 놀자고 말하면 좋다고 말할 때가 전보다 늘었다. • 회의 시간에 의견을 많이 내려고 하는데 아직 아주 편안하지는 않다. 앞으로도 꾸준히 노력할 생각이다. • 비전 보드를 만들어 놓으니 꽤 유용하다. 내가 이루고 싶은 것을 눈으로 확인할 수 있어서 좋다. • 사람들과 어울리기 위해 세부적인 계획을 세워 두니 실제 상황에서 느끼는 두려움을 마주하는 데 도움이 되었다.
내가 배운 것과 이룬 것	• 상황을 피하기만 하면 장기적으로 볼 때 도움이 되지 않는다는 사실을 깨달았다. • 가끔 나 자신에게 지나치게 비판적일 때가 있다는 점을 깨달았다. • 이 책을 끝까지 읽었고 이것 또한 성취이다. • 전보다 신중한 태도를 갖게 되었다. 즉, 과거와 미래를 걱정하면서 낭비하는 시간이 줄어들었다.

 **내가 이룬 것**

🐤 🐤 🐤	친절 증명서
내가 만든 변화와 도움이 되었던 전략	
내가 배운 것과 이룬 것	

 연구자들은 사람들이 친한 친구에게 말하는 것처럼 거울을 보면서 나에게 말을 걸면 기분이 나아지고 자기 비판적인 태도도 줄어든다는 사실을 밝혀냈습니다.

 내가 이뤄 낸 것을 목록으로 정리한 다음 거울을 보면서 소리 내어 읽어 보세요. 내가 작성한 목록을 마음 깊이 인정하고 받아들입니다. 어렵게 느껴진다면 소중한 사람 앞에서 말한다고 상상해 보세요.

나는 어떤 변화를 이뤄 내고 싶은가요?

_____

_____

_____

몰리는 이렇게 적었어요.

나 자신이 자랑스러워.

처음에는 쉽지 않았다. 거울을 보며 나 자신에게 친절하고 다정한 말을
해 주기가 어려웠다. 조금 지나자 훨씬 편해졌고 그런 내가 꽤 자랑스러웠다.

나아갈 방향 결정하기

나의 발전과 성취를 확인했으면, 이제 나의 주의를 '미래의 나'로 돌릴 때입니다.
1장에서 살펴본 K.I.N.D.N.E.S.S. 연상 기호를 기억하나요? 연상 기호는 삶을 개
선하고 건강하게 유지하게 도와주는 친절함의 8가지 구성 요소에 집중합니다. 1장
으로 돌아가 자신이 완성한 30~31쪽의 표를 살펴보고 직접 적었던 내용을 확인해
보세요.

이제 미래의 나에 대해 생각하는 시간을 가져 보세요. 앞으로 나의 건강한 삶을
지키기 위해 계속하거나 새로 도전하거나 배워 보고 싶은 일은 무엇인가요?

미래의 나

K.I.N.D.N.E.S.S. 연상 기호를 잘 기억하면서 단기간 그리고 장기간에 걸쳐 시도해 보거나 성취하고 싶은 것이 무엇인지 생각해 봅니다.

- 여러분의 목표는 다른 사람에게 마음을 열기, 자기주장을 하기, 혼자만의 시간을 보내기 등 다양할 거예요. 거미에게 가까이 다가갈 용기를 낸다거나 새로운 모임에 들어가 사람들과 잘 지낸다거나 마음 쓰이는 부분을 상담하기 위해 병원을 찾는 일도 있겠지요. 나를 돌보거나 뭔가 새로운 일에 도전하겠다는 목표도 있을 테고 특정한 활동을 다시 시작하거나 계속해 나가는 데 집중할 수도 있습니다.
- 하나의 목표에 도전할 수도 있고 무수히 많은 것들을 계획했을 수도 있습니다. 만약 큰 목표 하나를 정했다면 그것을 작은 부분으로 나누면 성취 가능성이 높아진답니다. 가장 쉬운 목표부터 시작해야 한다는 점도 잊지 마세요!

조시의 이야기를 읽고 조시가 작성한 '미래의 나를 위한 계획'을 살펴보세요. 내가 도전해 보고 싶은 재미있고 즐거운 활동과 배우고 싶은 것들도 함께 살펴봅니다. 단기 계획과 장기 계획으로 나눠서 기록해 보세요.

계획을 세우고 실천해 나갈 때 핵심은 친절함에 있습니다. 앞으로 나아가기 위한 계획을 짤 때 나에게 친절해질 방법이 무엇일지 생각해 보세요.

조시는 건강과 행복을 위해 스스로 이룬 변화를 높이 평가했습니다. 앞으로도 이를 잘 유지하기 위한 계획과 개선해야 할 것들을 추가했지요. 조시는 비전 보드와 마인드맵을 만들고 자신의 가치관을 재확인했습니다. 또 자신의 감정을 표현하는 데 도움이 되는 사진을 추리고 플레이리스트도 만들었지요. 조시는 '미래의 나'를 위한 계획이 건강한 삶을 꾸려 나가기 좋은 방법이라고 느꼈습니다.

미래의 나를 위한 조시의 계획

미래의 나		
미래를 위한 나의 계획	단기 계획 (앞으로 몇 주와 몇 달간)	장기 계획 (12개월 이상)
공부와 일	• 다음 달에 있을 시험을 위해 계속 공부하기 • 대학 입학 원서 제출하기 • 대학이 있는 지역으로 이사 계획 하기	• 대학에 다니면서 할 시간제 일자리 구하기 • 관심 있는 대학에 어떤 동아리와 스포츠 팀이 있는지 미리 알아보기
가족과 사회 생활	• 대학 진학을 위해 집을 떠나기 전에 가족, 친구들과 친밀한 시간 보내기	• 대학에 다니는 동안 가족, 친구들과 계속 연락하기 • 동생 제이크를 초대해서 같이 지내기
나의 '버킷 리스트'를 이루기 위해 준비해야 할 것	• 내년에 제이크, 릴리, 페이와 함께 스페인의 이비사 섬에 가기 위한 자금 모으기	• 이비사 섬에 가기
나를 위한 일 예) 즐겁고 기쁜 시간을 갖기 위해 시도해 볼 활동들	• 다른 사람들과 이야기를 좀 더 많이 나누기 • 마음챙김 연습하기 • 제빵을 배워 보고 싶다. • 내 친구 프랭키가 빵 굽기를 좋아하는데 함께 이야기도 나누고 조언도 얻을 수 있을 듯하다. 재미있을 것 같다.	• 자신감 높이기 • 지금 이곳에 집중하기 • 좋아하는 취미 찾기
그 밖의 일 예) 체력 단련과 나 돌보기	• 10km 마라톤 대회 참가를 위해 건강과 체력을 조금씩 단련하기	• 자선기금을 위한 10km 마라톤 대회에 참가하기

미래의 나를 위한 계획

미래의 나		
미래를 위한 나의 계획	단기 계획 (앞으로 몇 주와 몇 달간)	장기 계획 (12개월 이상)
공부와 일		
가족과 사회 생활		
나의 '버킷 리스트'를 이루기 위해 준비해야 할 것		
나를 위한 일 예) 즐겁고 기쁜 시간을 갖기 위해 시도해 볼 활동들		
그 밖의 일 예) 체력 단련과 나 돌보기		

'기쁨은 활동을 마칠 때가 아니라 활동하는 중에 생겨납니다.'

– 그레그 앤더슨

내가 즐겁고 교육적이고 재미있다고 생각하는 활동

아이디어를 찾기 위해 노력하는 중이라면 건강하고 행복한 삶에 도움이 될 만한 활동 목록을 참고해 보세요. 색색의 형광펜으로 앞으로 몇 주, 몇 달간 도전해 보고 싶은 활동에 표시해 봐도 좋겠지요. 내가 만든 목록을 친구, 가족들과 공유하고 싶은 사람도 있을 거예요.

건강하고 행복한 삶에 도움이 되는 활동들	
창의적인 활동	사회적이거나 즐거움을 위한 활동
• 그림 그리기 • 빵과 과자 굽기 • 글쓰기 – 시, 가사, 일기 • 노래하기 • 악기 연주하기 • 소셜 미디어에 게시물 올리기 • 취미 갖기 • 공예 활동 • 사진 찍기 • 연극부에서 활동하기 • 춤추기 • 도자기 빚기 • 다른 사람에게 줄 선물 만들기 • 나를 위한 물건 만들기	• 친구와 어울려 놀기 • 가족이나 친구네 집 방문하기 • 파티에 참석하거나 모임 계획하기 • 누군가를 칭찬하거나 격려하기 • 버스를 기다리며 누군가와 이야기하기 • 집에 친구 초대하기 • 영화 보러 가기 • 스포츠 경기 관람하기 • 게임하기 • 새로운 사람 만나기 • 새로운 기술 시도하기(예를 들면 스케이트의 점프 동작) • 연 날리기 • 놀이 공원 가기

자신을 돌보기 위한 활동	배움을 위한 활동
• 나 자신을 위해 새 물건 사기	• 독서
• 편안하게 쉬기	• 배우고 싶은 과정에 등록하기
• 운동하기	• 낱말 퍼즐 맞추기
• 좋아하는 음식 사 먹기	• 악기 배우기
• 헬스클럽 가서 사우나하기	• 박물관 가기
• 머리 모양 바꾸기	• 미래를 위한 계획 세우기
• 좋아하는 TV 프로그램 보기	• 친구와 토론하기
• 숙면 취하기	• 미술관이나 극장에 가기
• 마사지 받기	• 동물원이나 동물 보호소 방문하기
• 나를 위한 꽃 선물하기	• 자연 탐사 참여하기
• 산책하기	
• 휴가 계획 세우기	
• 바닷가에 가기	
• 내가 성취한 일 인정하기	
• 명상하기	
• 반려동물과 놀기	
• 나를 가꾸기 – 손톱이나 발톱 관리받기	

비전 보드

'미래의 나'에 초점을 맞춘 비전 보드를 만들(거나 전에 만든 보드를 업그레이드하)고 싶은 마음이 생겼을지도 모르겠습니다. 비전 보드는 창의적인 방법으로 미래를 보여 줍니다. 다시 한번 직접 그림을 그리거나 색칠하거나 잡지에서 그림을 오려서 앞으로 이루고자 하는 것을 떠올리게 해 줄 이미지를 만들어 보세요. 예컨대, 조시는 자신의 비전 보드에 대학에 가고자 하는 마음을 떠올리는 데 도움이 될 그림을 붙였습니다.

 비전 보드의 사진을 찍어서 스마트폰에 보관하는 것도 도움이 된답니다.

이제 우리의 여정이 끝났군요. 『나에게 친절해지는 연습』에서 소개한 활동들을 잘 실천한 여러분을 칭찬합니다. 앞으로도 지금처럼 잘 해 나가길 바랄게요. 마치기 전에 (마지막으로) 여러분의 친절 상자에 무엇을 넣을지 생각해 보세요.

나의 친절 상자

조시는 '미래의 나' 계획을, 몰리는 '만약 내가 또 상황을 피하려 한다면 친구들에게 꼭 말하겠다. 친구들은 나에게 용기를 줄 것이다. 응원에 힘입어 나는 스스로 해낼 수 있을 거다'라고 적은 메모를 넣었습니다.

책을 읽는 동안 여러분은 친절 상자에 넣을 것을 만들었지요. 상자 안에 넣은 것을 떠올리는 일은 시간을 들일 만한 가치가 있어요. 더는 넣을 것이 없을 수도 있습니다. 또는 너무 많아 넘칠 수도 있을 거예요! 아래의 빈 상자 그림에 친절 상자에 넣은 것을 써 보세요. 혹은 여러분의 열정을 자극할 만한 무언가를 상자에 적어 봐도 좋겠지요.

여러분의 삶의 여정이 친절함을 길잡이 삼아 나아가기를, 여러분과 다른 사람의 삶에 친절이 보슬비처럼 스며들기를 바랍니다.

『나에게 친절해지는 연습』에 영향을 준 연구들

수용전념치료(Acceptance and Commitment Therapy, ACT)
삶에서 마주하는 힘든 문제들을 피하지 않고 받아들이는 데 초점을 둡니다. 또 인생의 가치관이 무엇인지 찾아내 행동으로 옮기도록 돕습니다.

인지행동치료(Cognitive Behavioal Therapy, CBT)
생각(나는 부족해, 아무도 나를 좋아하지 않아), 생리 기능(우리 몸, 신체 기능, 신체 감각), 감정(두려움, 슬픔, 분노), 행동(달아나기, 공포 회피하기, 비난하기, 오락을 위한 약물이나 알코올 사용)이 어떻게 서로 영향을 주고받는지에 초점을 둡니다. 이런 영역이 개선되면 삶의 질이 향상됩니다.

연민중심치료(Compassion Focused Therapy, CFT)
누구나 살면서 힘든 일을 겪기 마련이라는 사실을 인식하고 나와 타인에 공감하면서 온정을 베푸는 데 초점을 맞춥니다. 나와 타인의 고통에 민감하게 반응하는 것과 더불어 창의적이고 다양한 활동을 통해 공감 능력을 기르고 삶의 질을 높이도록 돕습니다.

상담
연민이라는 감정과 호기심, 창의력, 판단하지 않기, 수용, 조화와 협동심, 공감 능력 등을 활용해 잠재력을 키우고, 나를 이해하고, 문제를 해결하도록 돕습니다.

표현치료(Expressive Therapy)
음악, 미술, 비전 보드, 글쓰기, 심상화 기법 등의 창의적인 전략을 이용해 감정을 표현하고, 문제를 해결하고, 자신감을 높이고, 변화를 위해 힘들지만 유용한 도전을 하고, 학습합니다.

마음챙김
아무런 판단도 하지 않고 지금 이곳에 머물며 우리의 마음을 훈련하는 데 초점을 두는 방식입니다.

이야기치료(Narrative Therapy)
나의 인생과 경험을 떠올리고 내가 가진 기술, 지식, 가치관을 확인하고, 앞으로 내가 나아갈 방향과 가능성을 탐구하도록 돕는 데 목적을 둡니다.

긍정심리학
고난과 역경이 아닌 경험의 긍정적인 측면을 강조해 행복과 삶의 질을 핵심으로 삼습니다. 삶을 가치 있게 해 주는 긍정적인 경험에 집중해 그 부분을 늘려 나가면 삶의 질도 향상됩니다.